·能源经济文库·

加快生态文明建设 推动能源发展转型

U1000153

适度超前开展能源基础设施建设重点任务和政策研究

付毕安◎著

中国经济出版社
CHINA ECONOMIC PUBLISHING HOUSE
·北京·

图书在版编目（CIP）数据

适度超前开展能源基础设施建设重点任务和政策研究 / 付毕安著. -- 北京 : 中国经济出版社, 2024. 10.

ISBN 978-7-5136-7929-9

Ⅰ. F426.2

中国国家版本馆 CIP 数据核字第 20242UE036 号

策划编辑　姜　静
责任编辑　丁　楠
责任印制　马小宾
封面设计　任燕飞设计工作室

出版发行　中国经济出版社
印 刷 者　北京艾普海德印刷有限公司
经 销 者　各地新华书店
开　　本　710mm×1000mm　1/16
印　　张　10
字　　数　138 千字
版　　次　2024 年 10 月第 1 版
印　　次　2024 年 10 月第 1 次
定　　价　78.00 元
广告经营许可证　京西工商广字第 8179 号

中国经济出版社　**网址** http://epc.sinopec.com/epc/　**社址** 北京市东城区安定门外大街 58 号　**邮编** 100011
本版图书如存在印装质量问题，请与本社销售中心联系调换（联系电话：010-57512564）

目　录

第一章

适度超前开展能源基础设施建设内涵和意义

一、能源基础设施内涵演化

（一）范畴持续拓宽

1. 狭义能源基础设施重点关注设施网络建设

从狭义上看，能源基础设施是优化能源资源配置能力、强化能源供给侧与能源需求侧有效衔接的能源输送类设施，一般呈现为网络形态，如油气管网、输配电网、煤运通道等。2014 年，欧盟委员会发布了《2014—2020 年国家环境保护和能源援助指南》（*Guidelines on State Aid for Environmental Protection and Energy* 2014-2020），将能源基础设施定义为服务于电力、天然气和石油传输、分配、存储的设施（如智能电网电力、天然气管道、地下天然气储存设施、再气化或液化天然气减压设施、石油管道及泵站和二氧化碳管道网络等）。2018 年，全球基础设施中心（G20-GIH）发布了《全球基础设施展望》（*Global Infrastructure Outlook*），将能源基础设施定义为电力生产、传输和分配设施。同年，亚洲开发银行发布了《亚洲基础设施投资报告》（*Financing Infrastructure in Asia and the Pacific*），该报告不仅将电力生产、传输与分配设施纳入能源基础设施范畴，还将油气传输与分配设施也纳入能源基础设施体系。主要国际机构关于能源基础设施的边界划定如表 1-1 所示。

表 1-1　主要国际机构关于能源基础设施的边界划定

机构名称	边界划定范围
世界银行	电力设施、煤气管道
欧盟委员会	电力、天然气和石油传输、分配、存储的设施
全球基础设施中心	电力生产、传输与分配设施
亚洲开发银行	电力生产、传输与分配设施，油气传输与分配设施

资料来源：笔者根据公开材料整理。

2. 能源基础设施内涵逐步向产供储销等关键环节拓展

一是国际层面在能源基础设施领域投资建设重点从网络设施向上游生产、下游消费延伸。2021 年，美国政府通过《基础设施投资和就业法案》（*Infrastructure Investment and Jobs Act*）（以下简称《法案》），《法案》重点投资支持输电通道、绿氢、碳捕获、电网规模级储能、先进核反应堆、充电基础设施等方面。美国能源部（DOE）在能源基础设施再投资计划（Energy Infrastructure Reinvestment）中提出，能源基础设施包括生产或传输电能、化石燃料、石油衍生燃料或石化原料生产、加工和交付等设施和相关设备。2023 年，英国政府发布《能源基础设施国家政策导则》（*National Policy Guidelines for Energy Infrastructure*）（以下简称《导则》）为国家重大能源基础设施项目建设提供规划指导，《导则》重点对电力（发电厂、电力存储设施和电网），油气（管道、存储和接收设施），二氧化碳捕集、运输及存储基础设施需求进行分析。

二是国家层面逐步拓展能源基础设施内涵。2018 年，国务院办公厅印发的《关于保持基础设施领域补短板力度的指导意见》提出，将重大水电项目、燃煤机组超低排放与节能改造、油气勘探开发、天然气产供储销体系和重点地区应急储气能力建设等纳入能源基础设施补短板的重要领域，其所指的能源基础设施已经不局限于狭义的网络型能源基础设施。2021 年印发的《中华人民共和国国民经济和社会发展第十四个五年规划和 2035

年远景目标纲要》将大型清洁能源基地、分布式能源、沿海核电、油气勘探基地、输电通道、抽水蓄能、煤炭跨区域疏运通道和集疏运体系、油气管网等纳入现代化基础设施体系。2022 年，中央财经委员会第十一次会议就全面加强基础设施建设问题进行专题研究，指出要加强能源等网络型基础设施建设，把联网、补网、强链作为建设的重点，着力提升网络效益。同时，将进一步丰富能源基础设施的内涵，将分布式智能电网、新型绿色低碳能源基地、油气管网等纳入能源基础设施体系范畴。2022 年底，中共中央、国务院印发的《扩大内需战略规划纲要（2022—2035 年）》明确提出，在跨省跨区输电通道、电网主网架、配电网、干线油气管道等网络型能源设施的基础上，将煤矿和煤炭供应保障基地、液化天然气接收站和车船液化天然气加注站、大型风电光伏基地、煤电机组均纳入加强能源基础设施建设。我国相关规划中能源基础设施范畴见表 1-2。

表 1-2　我国相关规划中能源基础设施范畴

国家“十四五”规划纲要	大型清洁能源基地、分布式能源、沿海核电、油气勘探基地、输电通道、抽水蓄能、煤炭跨区域疏运通道和集疏运体系、油气管网
中央财经委员会第十一次会议	分布式智能电网、新型绿色低碳能源基地、油气管网
《扩大内需战略规划纲要（2022—2035 年）》	在跨省跨区输电通道、电网主网架、配电网、干线油气管道等网络型能源设施的基础上，将煤矿和煤炭供应保障基地、液化天然气接收站和车船液化天然气加注站、大型风电光伏基地、煤电机组均纳入加强能源基础设施建设

资料来源：笔者根据公开材料整理。

三是地方层面加强产供储销环节能源基础设施建设。2022 年，江苏省政府办公厅转发的《关于加快推进基础设施投资建设若干措施的通知》提出，能源基础设施方面要加快电网、油气管网、大型发电工程等能源项目建设，开展海上风电前期工作，推进建设一批集中式光伏项目。2022 年，湖南省政府办公厅印发的《“十四五”支持革命老区振兴发展实施方案》（湘政办发〔2022〕39 号）提出，推进能源基础设施建设，推进平江电厂、石门电厂、平江抽水蓄能等重大能源项目建设，推进风电、光伏等新能源规模化开发建设，推动石油、天然气管道和配套项目建设，加快建设跨区域输电工程，持续完善电力骨干网络。2024 年，浙江省人民政府印发的《关于下达 2024 年浙江省国民经济和社会发展计划的通知》（浙政发〔2024〕1 号）提出，统筹推进电源、电网、储能、天然气管网等现代化能源基础设施建设。2024 年，江西省政府办公厅印发的《江西省实施项目带动战略“十百千万”工程行动计划（2024—2026 年）》提出，有序建设电网、电源、油气管网、充电网络等能源基础设施项目。

党的二十大提出深入推进能源革命，加快规划建设新型能源体系，加强能源产供储销体系建设，确保能源安全的新要求；同时，对基础设施发展提出了优化布局、结构、功能和系统集成，构建现代化基础设施体系的新战略。面向中长期，能源基础设施的内涵将随着能源发展战略而不断丰富、随着技术水平的突破而持续调整，从狭义的网络型能源设施向广义的能源产供储销体系拓展。

（二）特征持续丰富

在新形势下，能源基础设施既面临实现碳达峰碳中和目标等长期任务，也面临发展不稳定不确定因素增多、统筹发展和安全形势更加复杂等现实挑战。因此，我国能源基础设施发展既要具备基础性、系统性、专业性和长效性等基础设施基本特征[1]，也要满足新发展阶段下的新需求，包括安全保障性、绿色低碳性、普遍服务性和气候韧性等。

1. 基本特征

基础性：能源基础设施的基础性特征主要体现在三个方面。一是在满足人民生活需求中凸显基础性地位。保障居民供电、供热、供气等基本生活需求一直是能源基础设施基础性特征的重要体现。二是在产业发展中凸显基础性地位。能源基础设施属于间接性生产部门，虽然其具有完整的生产和输运系统，但并不产生新的有形产品，而是通过供电、供热、供气等方式为其他生产部门提供生产的基础性条件。三是在价格构成中凸显基础性地位。能源基础设施所提供的产品和服务的价格，构成其他部门产品成本的基础部分，因而能源基础设施又称社会先行资本，能源基础设施所提供的产品和服务的性能和价格的变动具有较强的连锁效应，可引起整个产业成本波动。随着绿色低碳要求不断深化，能源基础设施在生产生活和社会成本构成中的作用都将发生变化，将从单方面供给向供需互动融合转变，在进一步凸显基础性地位的同时，还将对各关联方提出新要求。

系统性：能源基础设施的系统性特征较为突出，具体表现为空间关联的系统性。能源基础设施通过“线”型输运通道构建起不同空间中的“点”型能源生产转化和储运基地与“点”型能源消费区域的关联纽带，将能量从供应端传输至需求端。从地域空间来看，能源基础设施“点”“线”联系紧密，呈现空间“网络”型关联特征。在碳达峰碳中和目标要求下，能源基础设施的系统性内涵不断丰富。一方面，随着分布式可再生能源发电开发成本不断降低、商业模式逐步成熟、技术水平持续提升，能源基础设施将不再局限于能源系统本身，而是由能源领域不断向工业、建筑和交通等领域拓展。另一方面，煤、电、油、气等能源品种竞合关系更为复杂，以电为核心的能源发展格局将推动其他能源品种融入电力系统并寻求新的发展定位，能源基础设施发展方式由基于能源品种独立化规划建设向各类型能源品种统筹规划建设方向不断演进。

专业性：能源基础设施专业性特征主要体现为功能专业性。能源基础设施的主要功能是对各类型能源资源的转化、传输和存储，难以被交通、水利等其他类型基础设施替代；煤、电、油、气各能源品种之间的壁垒较高，输煤、输电、油气通道等“线”型能源基础设施之间各司其职，互补作用更为突出。但在碳达峰碳中和（“双碳”）目标要求下，从长期来看，化石能源相关能源基础设施发展前景有限，仅囿于原有领域，存在被替代的风险。为积极应对风险挑战，煤矿依托自有煤炭资源，通过自建、并购等方式，加快坑口、路口、港口清洁煤电项目建设；煤电依托自身调节优势，通过联合开发、耦合并网等方式实现与可再生能源融合发展，同时探索更多应用场景，打造局域电网、水网、气网、热网、氢链、“炭+碳”链、化工产品链；废弃煤矿探索改造为抽水蓄能或压缩空气储能；枯竭油田和盐穴改造为储气库，可进一步探索改造为储电储气一体化设施。当前和今后一个时期，能源基础设施要从功能专业性向优势专业性转变，立足资源优势、空间优势、调节优势等方面，以演进式发展不断加强与其他类型能源基础设施或基础设施跨界融合发展，适应新要求，寻求新的专业化定位。

长效性：能源基础设施前期投资规模大，建成运营后较长时间内盈利能力弱，因而需要提高设计要求和工程质量以延长服役时间。水电项目使用年限可达 100 年，2014 年水利部印发《水利水电工程合理使用年限及耐久性设计规范》，明确规定I级发电类水利水电工程合理使用年限为 100 年。核电机组使用寿命可达 60 年，核电站的设计年限一般为 40 年，而旧核电厂的设计寿命较短，一般为 30 年，美国核管理委员会按照《原子能法案》提出目前运行的压水式反应堆和沸水式反应堆可在 40 年使用寿命的基础上延长至 60 年。煤电平均服役年限可达 40 年，发达国家 50%的煤电机组平均服役年限为 40 年左右，部分煤电机组服役年限已超过 60 年，而我国在役煤电机组平均服役年限仅为 12 年。油气管网经安全改造后可继续运行，我国东北老原油管网“八三”线始建于 1970 年，运行至 2010 年已有 40 年，后经大规模改造，彻底消除了东部管网本体安全隐患，大幅提升了东部管网的储运能力，保证了东北炼化企业所需原油资源的稳定供应。输配电网使用寿命可达 40 年，我国 110 千伏及以上主要输变电建筑物使用寿命达到 60 年以上，主要一次设备使用寿命达到 40 年以上，主要二次设备使用寿命达到 20 年以上。从国内外能源基础设施使用寿命来看，能源基础设施具有较强的长效性特征，因而其建设与布局必须具有科学的预见性，坚持立足长远、合理布局。主要能源基础设施服役年限见表 1-3。

表 1-3 主要能源基础设施服役年限

<table>
<tr><td rowspan="2">水电基础设施服役年限</td><td>Ⅰ类</td><td>Ⅱ类</td><td>Ⅲ类</td><td>Ⅳ类</td><td>Ⅴ类</td></tr>
<tr><td>100 年</td><td>100 年</td><td>50 年</td><td>30 年</td><td>30 年</td></tr>
<tr><td rowspan="2">核电基础设施服役年限</td><td colspan="2">压水式反应堆</td><td colspan="2">沸水式反应堆</td><td rowspan="2">—</td></tr>
<tr><td colspan="2">60 年</td><td colspan="2">60 年</td></tr>
<tr><td rowspan="2">煤电基础设施服役年限</td><td colspan="2">发达国家</td><td colspan="2">中国</td><td rowspan="2">—</td></tr>
<tr><td colspan="2">40~60 年</td><td colspan="2">12 年</td></tr>
<tr><td rowspan="2">电力基础设施服役年限</td><td colspan="2">输配电网一次设备</td><td colspan="2">输配电网二次设备</td><td>建筑物</td></tr>
<tr><td colspan="2">40 年以上</td><td colspan="2">20 年以上</td><td>60 年</td></tr>
</table>

资料来源：笔者根据公开材料整理。

2. 新型特征

安全保障性：能源安全是关系国家经济社会发展的全局性、战略性问题，对国家繁荣发展、人民生活改善、社会长治久安至关重要。一方面，能源消费需求仍将刚性增长、保障能源供给安全挑战增大。目前我国能源生产总量约占世界的 1/5，消费总量约占世界的 1/4，而人均能源消费仅为经济合作与发展组织（Organization for Economic Co-operation and Development，OECD）国家平均水平的 2/3 左右，14 亿多人口整体迈进现代化社会，规模超过现有发达国家的总和。近年来，虽然世界经济增长乏力，但我国经济持续回升向好，能源消费需求仍将保持刚性增长，有效保障经济社会发展过程中合理能源需求依然面临巨大挑战。另一方面，极端天气频发，新能源波动性、间歇性特征放大，保障能源系统运行安全难度进一步增大。随着我国能源电力行业将从以化石能源为主向以可再生能源为主转变，电力系统呈现高比例可再生能源、高比例电力电子设备的“双高”特征，叠加极端天气愈加频繁和剧烈等因素，能源系统运行安全问题将更为显著[2]。因此，为有效保障国家能源安全，对能源基础设施提出了要增强能源持续稳定供应和风险管控能力等多方面要求，既要满足合理能源消费需求，又要实现稳定可靠供给。当今世界正经历百年未有之大变局，我国处于实现中华民族伟大复兴的关键时期，面临的国内外环境正发生深刻复杂变化，不确定、难预料因素不断增加，能源基础设施为经济社会高质量发展提供坚强能源保障的要求将进一步凸显。2000—2020 年我国石油、天然气对外依存度情况见图 1-1。

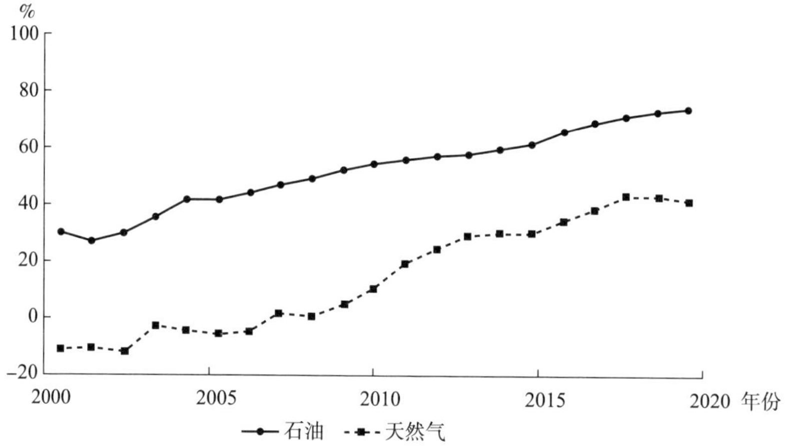

图 1-1 2000—2020 年我国石油、天然气对外依存度情况

资料来源：笔者根据国家统计局、国家能源局相关数据绘制。

绿色低碳性：2020 年 9 月 22 日，习近平总书记在第七十五届联合国大会一般性辩论上提出，中国将提高国家自主贡献力度，采取更加有力的政策和措施，二氧化碳排放力争于 2030 年前达到峰值，努力争取 2060 年前实现碳中和。清华大学碳中和研究院测算，我国火电、钢铁、水泥和陆地交通运输部门能源基础设施未来产生的锁定碳排放约为 1959 亿吨，占所有现存排放源锁定碳排放的 71%，碳锁定效应的衰减趋势表明我国偏年轻化能源基础设施结构有较强的排放惯性[3]。能源基础设施绿色转型是实现碳达峰碳中和目标要求的必由之路。

2023 年距离 2030 年仅有不足 10 年，距离 2060 年仅有不足 40 年，今后一个时期我国将扭转高碳能源基础设施投资惯性，避免新的高碳增长带来的长期碳锁定效应；同时，加速能源基础设施的升级改造和有序淘汰，提升技术和能效水平，降低碳排放强度，绿色低碳性将成为能源基础设施发展的重要特征。一是加快发展风电和太阳能发电。优化新能源发展区域布局，坚持集中式开发与分布式开发并举，大力发展风电和太阳能发电。二是统筹水电开发和生态保护。坚持生态优先、统筹考虑、适度开发、确保底线，科学有序推进大型水电基地建设，积极推进大型水电站优化升级，稳妥推进已建、在建水电机组增容改造。三是积极安全有序发展核电。在确保安全的前提下，积极有序推动沿海核电项目建设，保持平稳建设节奏，合理布局新增沿海核电项目。四是科学有序发展氢能等新能源。因地制宜选择制氢技术路线，重点发展可再生能源制氢，推动生物质能、地热能、海洋能等新能源发展。2020—2060 年我国能源基础设施分行业部门和分区域碳锁定效应情况见图 1-2。

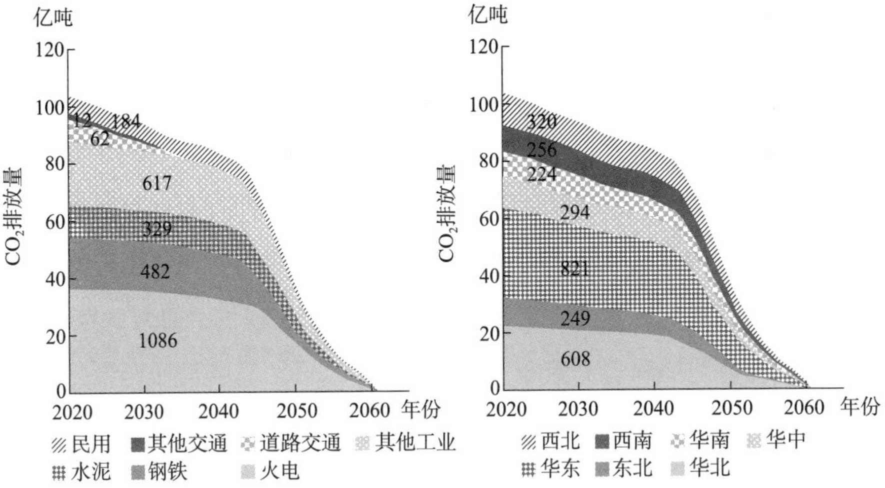

图 1-2　2020—2060 年我国能源基础设施分行业部门和分区域碳锁定效应情况

资料来源：《全球能源基础设施碳排放及锁定效应》。

普遍服务性：能源普遍服务以解决能源可获得性、可负担性和可靠性问题为重心，以满足个人（或家庭）与当地经济和社会发展水平相适应的、来自生产和生活方面的基本能源需求为目标，旨在实现能源领域的社会分配正义，是国家现代化程度、均等化水平的重要体现[4]。党的十八大以来，我国进一步加强农网改造升级，显著改造农村地区电网薄弱、设备陈旧老化等问题，减轻农民负担，切实提高农村群众生产生活水平。2015 年底，我国已全面解决无电人口用电问题，在发展中国家中率先实现了人人有电用；2020 年，我国农村地区基本实现稳定可靠的供电服务全覆盖[5]，农村居民用电量达到 9717.2 亿千瓦时，约为 2012 年用电量的 1.3 倍[6]。能源基础设施发展水平是决定能源普遍服务差异的关键因素，能源基础设施建设的长足进步使持续增进能源民生福祉成为可能。当前，我国农村地区能源消费结构仍以化石能源为主，难以支撑乡村振兴建设和农业农村现代化，也给美丽乡村生态环境带来巨大压力。实现农业农村低碳转型发展，对于落实我国“双碳”目标意义重大，对于实现乡村“生态宜居”的目标至关重要。党的二十大报告提出，统筹乡村基础设施和公共服务布局是全面推进乡村振兴的重要内容。《加快农村能源转型发展助力乡村振兴的实施意见》明确提出，推动构建清洁低碳、多能融合的现代农村能源体系发展要求。因此，农村地区能源转型提出能源基础设施要助力构建多能融合的现代农村能源体系，将充分发挥农村地区多种可再生能源资源共存的优势，实现供给侧风、光、水、生物质、储能之间和消费侧冷、热、气、电、水之间的灵活转换、多能互补、耦合互联，满足多样化的用能需求。城市、农村电网供电可靠率变化趋势见图 1-3。

气候韧性：联合国政府间气候变化专门委员会（IPCC）第六次评估报告（AR6）指出，最近 50 年全球变暖正以过去 2000 年以来前所未有的速度发生。持续变暖加剧了气候系统的不稳定性，导致极端天气气候事件增

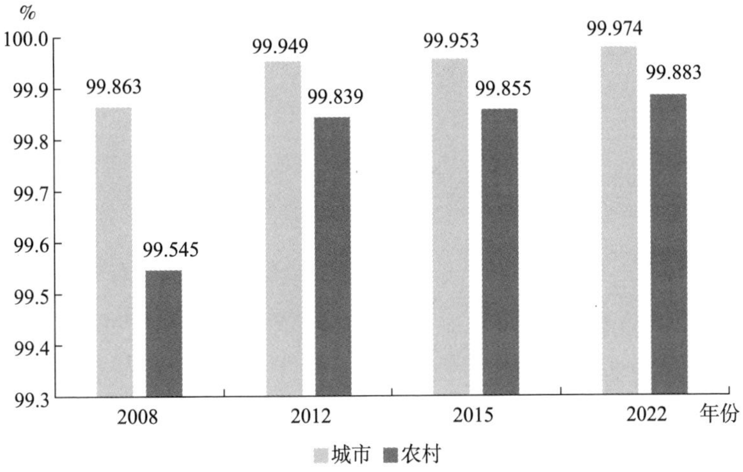

图 1-3　城市、农村电网供电可靠率变化趋势

资料来源：笔者根据《全国电力可靠性年度报告》绘制。

多、增强，且影响范围持续扩大。我国是全球气候变化的敏感区和影响显著区，气候系统在多个层面发生明显变化。长序列气候观测资料综合分析显示，极端高温事件发生更为频繁、强度更强、持续时间延长。例如，2022 年 7—8 月长江中下游地区的高温干旱和 2023 年 6 月中下旬至 7 月华北地区的高温热浪，对农业生产、能源供应、人体健康等均造成显著影响。在全球变暖背景下，未来我国极端高温事件将呈增多趋势，排放情景越高，极端高温事件的频次越多、强度越强、风险越大。未来 30 年，我国区域平均极端最高温度将上升 1.7～2.8℃，其中华东地区和新疆西部增幅最大；我国区域平均高温热浪天数将增加 7～15 天。尤其在高排放情景下，目前 50 年一遇的极端高温事件到 21 世纪末将变为 1～2 年一遇。未来我国极端降水增加的幅度大于总降水量，变率增大，降水更趋于极端化。未来 30 年，连续 5 天最大降水量在全国范围内呈现一致性的增加趋势，西北东部及黄淮流域增加幅度将超过 10%。

随着我国经济迅速发展，城镇化率不断提高，人口结构和流动聚集性发生变化，与人口社会经济活动息息相关的能源基础设施面临气候灾害的脆弱性不断加剧。因此，有必要进一步识别不同能源基础设施系统面临的气候风险，并相应加强气候韧性建设，对基础设施系统实行有效防护。国内外开展气候变化适应工作进展见图 1-4。

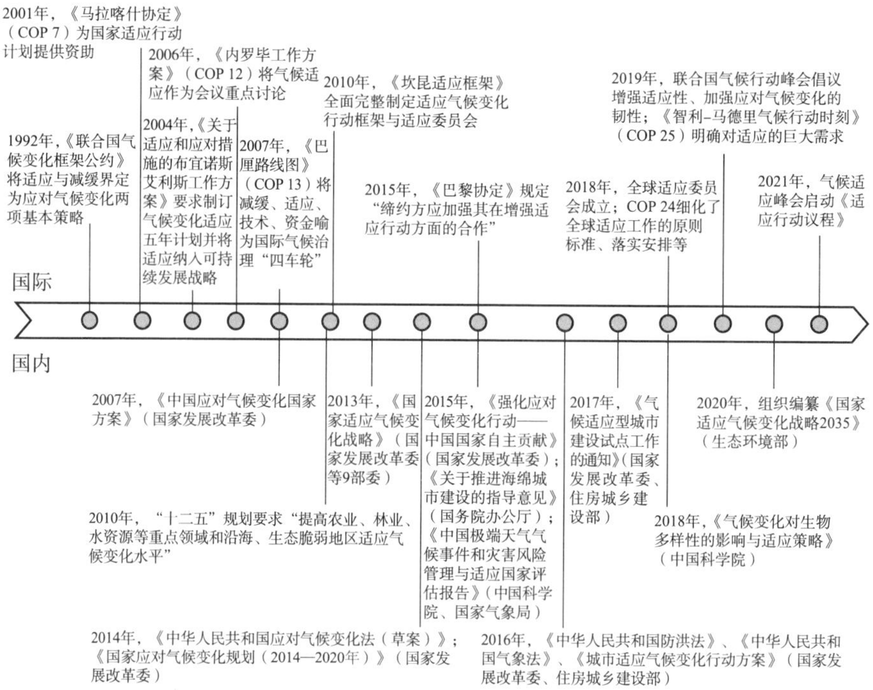

图 1-4　国内外开展气候变化适应工作进展

资料来源：笔者根据公开材料整理。

为清晰界定适度超前开展能源基础设施建设的研究边界，本研究结合我国国情和政策要求，在重点研究网络型基础设施的同时，将能源产供储销体系中对保障能源安全、深化能源革命具有重要作用的相关设施也纳入研究范畴，例如，化石能源勘探开发、重大电源项目、储备设施、储调设施、补能设施（充电基础设施、加氢站）和部分能源消费设施。现代化能源基础设施体系见图 1-5。

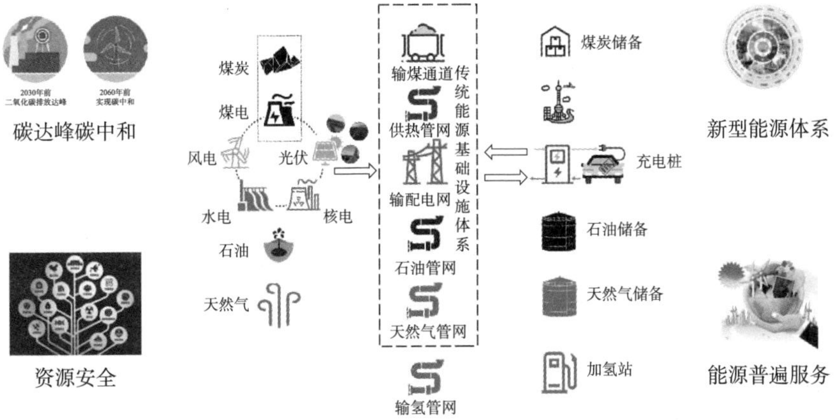

图 1-5　现代化能源基础设施体系

资料来源：笔者绘制。

二、适度超前建设能源基础设施内涵

（一）超前要求适当提速和提早布局

1. 从国内实践经验来看，超前布局能源基础设施促进我国经济高速发展

经过 70 余年发展，我国各领域基础设施取得了丰硕成果，实现了跨越式发展，在实践探索中逐步形成符合我国国情实际和时代要求的发展经验，其中一项重要经验是坚持适度超前的发展原则。罗少东等[7]基于电网卫星账户投入产出分析法对 2017 年电网建设的宏观经济贡献进行研究，结果表明，电网投资增加 1 亿元，将直接拉动上游投资 1.072 亿元，直接带动社会就业规模 112 万人；完全带动上下游总投资规模 2.727 亿元，完全带动社会就业规模 204 万人。叶子菀等[8]基于电力 44 部门非竞争型投入产出表，提出了居民消费内生的电力投入产出局部闭模型，测算了电力建设投资对国民经济的拉动效应和就业效应，“十三五”时期，我国大型电力企业在电力基建领域投资 1.3 万亿元，拉动社会总产出 1.7 万亿元，拉动非农业就业 1041 万人。谭运嘉等[9]基于区域投入产出模型对白鹤滩水电

站建设项目区域经济影响进行研究，结果表明，白鹤滩水电站建设期投资拉动四川、云南两省国民经济各部门的总产出增加1533亿元，其中四川省708亿元，云南省825亿元；与项目建设前相比，项目建成后四川省城镇人口增长0.62个百分点，云南省城镇人口增长1.34个百分点。

改革开放40余年，超前布局能源基础设施使得我国能源基础设施滞后于经济社会发展的被动局面彻底得到扭转，总体适应经济社会发展需要，部分领域、部分地区达到国际一流水平，对推动形成优势互补高质量发展的区域经济布局起到了关键性作用。

2. 从国际比较来看，超前建设能源基础设施仍有巨大空间

党的十八大以来，我国经济社会发展取得新的历史性成就，实现新的历史性跨越，国内生产总值超126万亿元，我国经济对全球经济增长的贡献率达到32%，仍然是稳定世界经济增长的重要力量和最大引擎。

从能源需求来看，能源基础设施建设仍有巨大空间。2020年我国人均电力消费量仅为美国的43.5%、日本的70.7%、欧洲联盟（欧盟，EU）的91.5%。国家信息中心、中国社会科学院等多家研究机构预测，2035年我国人均GDP将达到2.0万~2.5万美元，2050年我国人均GDP将达到3.5万~4.0万美元。如果我国重复发达经济体传统发展模式，基于国际比较分析方法预测，到2035年我国人均用电量将达到6800~7200千瓦时，2050年我国人均用电量将达到10000~12000千瓦时。根据我国人口发展水平测算，2035年，我国全社会用电总量将达到9.5万亿~10.5万亿千瓦时；2050年，我国用电总量将达到12.5万亿~17.0万亿千瓦时，电力基础设施发、输、配、用多环节仍需加强建设。我国2035年、2050年人均GDP及国际比较情况，人均用电量及国际比较情况分别见表1-4、表1-5。

从新业态、新模式来看，新型能源基础设施需求空间巨大。以汽车产业为例，2022年我国千人汽车保有量达到215辆，仅为美国的25.7%、法国的29.5%、日本的34.2%，随着我国人均收入不断提高，千人汽车保有

量水平将进一步提升。与发达经济体不同，我国千人汽车保有量提升路径中新能源汽车已具有较强优势。根据中国流通协会乘用车市场信息联席分会数据，2024 年 4 月上半月，国内新能源车零售渗透率突破 50%后，5 月的第三周，国内新能源终端上险渗透率达到 50. 2%。据清华大学测算，预计到 2030 年，我国新能源汽车保有量将达到 1 亿辆，充电基础设施保有量将达 5000 万台，年均增长 1000 万台。

表 1-4　我国 2035 年、2050 年人均 GDP 及国际比较情况

2035 年我国人均 GDP	1965—1970 年 美国人均 GDP	1990—2000 年 欧盟人均 GDP	1980—1990 年 日本人均 GDP
2. 0 万~2. 5 万美元	2. 2 万~2. 5 万美元	2. 1 万~2. 6 万美元	1. 9 万~2. 8 万美元
2050 年 我国人均 GDP	1985—1990 年 美国人均 GDP	2018 年 欧盟人均 GDP	2015—2018 年 日本人均 GDP
3. 5 万~4. 0 万美元	3. 5 万~3. 9 万美元	3. 2 万美元	3. 5 万~3. 6 万美元

资料来源：笔者根据国家信息中心、中国社会科学院、世界银行相关数据整理。

表 1-5　我国 2035 年、2050 年人均用电量及国际比较情况

2035 年 我国人均用电量	1965—1970 年 美国人均用电量	1990—2000 年 欧盟人均用电量	1980—1990 年 日本人均用电量
6800~7200 千瓦时	5200~7200 千瓦时	5100~5800 千瓦时	4700~6800 千瓦时
2050 年 我国人均用电量	1985—1990 年 美国人均用电量	2014 年 欧盟人均用电量	2015—2018 年 日本人均用电量
10000~12000 千瓦时	10000~12000 千瓦时	6000 千瓦时	7500~8000 千瓦时

资料来源：笔者根据国家信息中心、中国社会科学院、世界银行相关数据整理。

3. 从短期内稳定经济大盘来看，应加快实施能源基础设施项目

基础设施投资是政府逆周期宏观调控的重要工具，能源基础设施投资建设已成为拉动经济增长新动能。从全国层面来看，研究发现，1990—2011 年电力投资率每增加 1 个百分点，短期经济增长率提高 0. 076 个百分点；发电装机容量每增加 1 个百分点，短期经济增长率提高 0. 380 个百分点[10]。从区域层面来看，劳承玉和冉杨斯特[11]对四川省能源建设投资对

区域经济增长的短期拉动效应进行研究，结果表明，能源建设投资增加1%，可拉动区域经济增长约0.023%。

自2023年以来，我国需求收缩、供给冲击、预期转弱三重压力得到缓解，经济增长好于预期，但经济运行好转主要是恢复性的，内生动力还不强，需求仍然不足，经济转型升级面临新的阻力，推动高质量发展仍需要应对不少困难和挑战。当前形势下，要进一步加快实施“十四五”重大工程，加强区域间基础设施联通，更加强调“提前、加快”的含义，将规划中明确的迟早要干的基础设施项目提前干。通过加快审批节奏，加强资金、土地、能耗等要素保障，确保规划的基础设施项目加快落地，弥补私人消费和企业投资下降造成的产出缺口，稳定经济增长大盘。

4. 从长期稳定支持经济发展来看，能源基础设施需要超前布局建设

从全国层面来看，研究发现，1990—2011年电力投资率每增加1个百分点，长期经济增长率提高0.493个百分点；发电装机容量每增加1个百分点，长期经济增长率提高1.905个百分点[10]。从区域层面来看，劳承玉和冉杨斯特[11]对四川省能源建设投资对区域经济增长的长期拉动效应进行研究，结果表明，能源建设投资每增长1%，带动区域经济产出增长约0.68%，远高于其短期效应。

国务院发展研究中心牵头撰写的《面向未来助力增长——构建中国新型能源体系》提出，2020—2060年，仅低碳电力系统、氢能和生物质系统、CCUS①以及工业领域配套基础设施的投资需求总额就将超过80万亿元[12]。全球能源互联网发展合作组织发布的《中国2060年前碳中和研究报告》预测，到2060年，能源系统累计投资122万亿元，带动整体投资规模超过410万亿元，对我国GDP增长贡献率超过2%[13]。美国能源基金会预测，到2050年，我国能源基础设施整体投资有望达到180万亿元。国家

① CCUS即碳捕获、利用与封存技术。

电网有限公司编写的《新型电力系统与新型能源体系》预测，2020—2060年我国电力产业投资规模将超过100万亿元，储能、综合能源、能源互联网等产业规模都将达到万亿元级别[14]。

在实践中，由于大部分基础设施具有建设周期长的特征，基础设施一旦成为经济社会发展的“瓶颈”，在短期内将难以消除，只能使直接生产部门与滞后的基础设施在低水平上保持平衡，造成直接生产部门生产能力的限制和社会资源的浪费。同时，随着数据中心等新型耗电产业爆发增长，对风电光伏、储能和配电网等设施需求日益增强。因此，能源基础设施投资应当超前规划建设，避免成为经济社会发展的“瓶颈”，影响其他资源的使用效率。超前开展基础设施投资要以服务中长期经济发展为方向，围绕创新驱动、绿色发展、城市群建设、区域协同、国家安全、共同富裕等国家重大战略前瞻性目标布局。

（二）适度要求实现经济、社会、生态、安全效益相统一

1. 从综合考虑财政承受能力来看，基础设施建设要适度

基础设施建设需要巨量资金投入。一般来讲，政府基础设施投资的资金来源主要包括两个方面：政府预算收入（包括税收收入和政府性基金收入）和债务融资。基础设施投资短期内过快增长会导致政府的支出负担增加，在短期收入增长受限的情况下，政府只能借助资本市场，通过发行国债、地方政府债券、市政债券、银行贷款等方式，为基础设施投资融资。政府债务融资的偿债来源一般包括两个方面：政府预算收入和基础设施项目经营收益。基础设施投资短期增长过快或导致政府债务融资规模扩大，政府债务负担加重，政府财政整顿成本和债务违约风险增加。适度要求超前开展能源基础设施建设，综合考虑地方政府和中央政府的财政承受能力，在履行好宏观调控作用的基础上，防范相关风险。

2. 从技术加速迭代来看，基础设施建设节奏要适度

随着全球应对气候变化和能源转型进程的不断推进，能源产业成为大

国博弈的重要领域。欧美大力发展太阳能、风能等清洁能源技术，美日相继更新国家氢能战略，小型模块化反应堆、第四代核能系统以及热核聚变堆已经成为全球先进核能技术研发焦点。一方面，与交通、水利等传统基础设施相比，能源技术加速迭代、广泛融合，但基础设施服役周期长、转型慢。为了在较长一段时间内保持经济成本和技术水平优势，基础设施建设节奏要适度推进，预留技术迭代建设应用窗口。以光伏为例，过去10年，由于大尺寸硅片发展、电池技术更新、切割工艺进步，光伏产品生产成本不断下降、光电转换效率大幅提升，度电成本显著下降，旧产能淘汰或技术改造问题较大，因此大型风电光伏基地建设要分步有序推进。另一方面，下一代能源技术路线面临较大不确定性。2021年，国际能源署（IEA）发布的《2050年净零排放：全球能源行业路线图》（*Net Zero by 2050, A Roadmap for the Global Energy Sector*）提出，到2050年实现净零排放，几乎一半的减排将来自目前仅处于示范或尚处于概念阶段的能源技术。以美国为例，为应对日趋紧迫的气候危机，拜登政府未“押宝”某一项或某一类能源技术，而是“分注”多种技术方向以确保成功履行气候承诺。2022年，拜登政府发布《美国实现2050气候目标技术创新方向评估报告》（*U. S. Innovation to Meet 2050 Climate Goals*），从交通、电力、工业、建筑和基础设施、农业及甲烷排放、减碳六个方面提出了37项可加速美国实现净零排放的技术方向。

2021年，国家能源局、科学技术部联合印发《“十四五”能源领域科技创新规划》，围绕先进可再生能源、新型电力系统、安全高效核能、绿色高效化石能源开发利用、能源数字化智能化等方面，制定了技术攻关路线图。其中，在可再生能源发电及综合利用技术方面，该规划提出聚焦大规模高比例可再生能源开发利用，研发更高效、更经济、更可靠的水能、风能、太阳能、生物质能、地热能以及海洋能等可再生能源先进发电及综合利用技术，支撑可再生能源产业高质量开发利用。

三、适度超前开展能源基础设施建设的重要意义

基础设施建设是经济社会发展的重要支撑，具有基础性、先导性、战略性、引领性，现代化基础设施体系是全面建设社会主义现代化国家的坚实基础。能源基础设施攸关国计民生和国家安全，关系人类生存和发展，对于促进经济社会发展、增进民生福祉至关重要。

（一）能源安全稳定供应的战略性保障

从经济增长内生动力来看，多数研究机构和学者测算认为，现阶段中国经济潜在增长率仍保持在5.5%~6.5%，我国经济韧性强、潜力足、回旋余地广，长期向好的基本面不会改变；进入新发展阶段，我国国内市场基础更加扎实，超大规模市场优势将继续显现，内需潜力持续释放，能源等生产要素需求仍将保持中速刚性增长。能源需求总量方面，与发达国家相比，我国工业化起步较晚，目前仍处于工业化、城镇化快速发展阶段，居民生活、交通等领域用能持续增长，能源消费将保持刚性增长态势。从重点地区来看，我国煤炭产能逐步向“三西”地区集中，消费地则主要分布在山东、江苏、广东等东部沿海地区；中长期电力供应紧张的地区主要集中在华东、华中、粤桂黔地区，电力缺口分别在1600万千瓦、4200万千瓦、2500万千瓦以上[15]。当前和今后一个时期，结构性、时段性、区域性能源供需矛盾将进一步凸显，远距离、大规模能源输送需求不断增长。能源生产和网络型基础设施建设及服役时间周期较长，需要提早谋划，适度超前开展建设，以满足中长期能源需求及区域能源供给。

从外部环境和极端天气气候来看，随着我国对外开放程度稳步提升，我国经济发展对世界政治经济变化的敏感性逐步增强。当前，碳中和引发的化石能源投资低迷与乌克兰危机导致的俄罗斯能源产品退出欧美市场，致使国际化石能源价格在高位震荡，显著增加我国能源进口成本；同时，

中美在碳减排、可再生能源产业链领域竞争博弈加剧，我国履行碳减排承诺的约束和压力加大，国际秩序和格局深度调整引发的不稳定因素进一步加剧我国能源供应安全风险。我国极端天气气候事件种类多、频次高，阶段性和季节性明显，区域差异大，影响范围广。2022 年，川渝地区因受持续高温、干旱灾害性天气影响，水电发电量减少近一半，造成大面积限电。适度超前开展能源基础设施建设不仅要解决能源供需平稳问题，还要提升韧性以抵御风险挑战，增强更大范围优化能源资源配置能力，应对极端情况下能源供给挑战。

（二）稳定能源要素综合成本的基础性举措

能源处于所有产业的上游，价格波动通过作用于产业链、供应链的运行态势，对宏观经济运行、各部门生产经营、居民生活情况以及未来的能源结构和产业结构调整等国民经济的各方面产生重大影响。2022 年，受能源价格上涨影响，欧洲各国通胀率进一步增大。以德国为例，能源价格上涨使得钢铁、化工行业分别减产 5%和 8%。标普旗下的汽车研究机构预期，截至 2023 年底，能源危机导致汽车产量平均逐季减少近 40%。

一是我国经济发展对能源价格波动敏感性较强。我国经济结构中第二产业比重、高耗能产业比重相对较高，单位 GDP 能耗是世界平均水平的 1.5 倍，经济发展对能源价格波动敏感性较强。林伯强和牟敦国[16]研究发现，能源价格的上涨对我国实际产出有收缩作用。同时，周潮等[17]研究发现，产业部门之间的相互联系，乘数效应发挥着显著的作用，放大了由于能源价格冲击导致的经济衰退的负面影响。娄峰和程远[18]研究发现，能源价格平均上涨 5%~10%，将导致实际 GDP 下降 0.7~1.3 个百分点，稳定能源价格对经济平稳运行至关重要。

二是电力系统综合成本呈上升趋势。电力系统在“双碳”目标实现过程中，电源结构、电网形态等将发生重大变化，系统成本也将随之改变。电源综合度电成本呈上升趋势，2040 年前电源结构快速变化，度电成本逐步增长，之后保持相对稳定水平。2030 年、2060 年电源成本分别将达到 0. 445 元/千瓦时、0. 472 元/千瓦时，较 2020 年分别上涨 27. 5%、35. 2%。电网度电成本基本保持稳定并呈小幅上涨趋势，预计 2030 年、2060 年输配电成本分别约为 0. 194 元/千瓦时、0. 223 元/千瓦时，较 2020 年分别上涨 0. 008 元/千瓦时、0. 037 元/千瓦时。综合各环节电力成本变化情况，终端成本将持续上涨，预计 2030 年、2060 年终端成本分别为 0. 662 元/千瓦时、0. 725 元/千瓦时，较 2020 年分别上涨 19. 5%、30. 9%[19]。

当前，我国能源基础设施体系难以实现经济效益、社会效益、生态效益、安全效益相统一，需要适度超前构建现代化能源基础设施体系，优化能源基础设施布局、结构、功能和发展模式，以提升数字化、智能化水平，提早建设能源输送通道，优化各类灵活性资源时序及空间布局安排，严防成本上升过快。同时，以新技术、新业态、新模式对冲能源转型带来的能源成本波动影响。

（三）直接和间接扩大需求的关键性引领

一是适度超前建设可有效拉动投资需求。近 10 年，我国固定资产投资增速整体呈放缓趋势，投资额累计同比增速从 2013 年的 20%降至 2022 年的 6. 75%。自 2017 年以来，整体来看，能源领域行业固定资产投资高于固定资产投资整体增速。自 2021 年以来，我国重大能源工程密集开工建设，以沙漠、戈壁、荒漠地区为重点的大型风电光伏基地规划建设带动太阳能发电、陆上风电计划投资额快速增长。2023 年，我国能源基础设施投资保持快速增长，据监测，全国在建和年内拟开工能源重点项目完成投资额约为 2. 8 万亿元。分类别看，常规项目和新业态项目完成投资额同比分别增长 16. 0%和 152. 8%。分地区看，东部、中部、西部地区完成投资额同比分别增长 28. 5%、13. 6%、22. 5%[20]。当前和今后一个时期，能源低碳转型进入重要窗口期，着力构建新型能源体系，必须协同推进能源低碳转型与供给保障，加快能源系统调整以适应新能源大规模发展，要求持续优化能源基础设施布局、结构、功能和系统集成，以能源基础设施适度超前建设拉动投资需求。2013—2022 年我国能源行业固定资产投资情况见图 1-6。

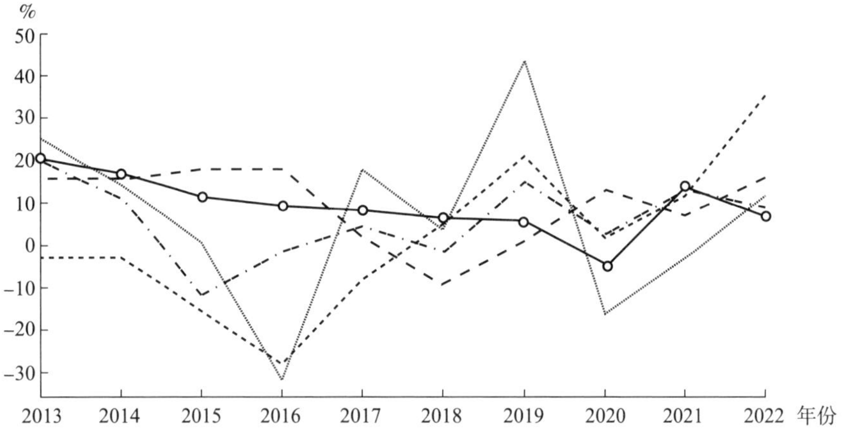

图 1-6　2013—2022 年我国能源行业固定资产投资情况

资料来源：笔者根据 Wind 相关数据绘制。

二是适度超前建设能够有效激发产业和市场需求。供给和需求是经济发展的一体两面，高质量的能源供给创造和引领新的能源需求。以我国天然气发展历程为例，“十五”初期，我国长三角地区天然气消费量较低。自 2004 年“西气东输”一线投产运营以来，江苏省天然气消费量增长 150 多倍，天然气占一次能源消费比例由 2010 年的 3.5% 提高到目前的 11.3%，油气管网基础设施的适度超前建设拉动了陶瓷、纺织、冶金等诸多产业产品质量的提升和转型升级新需求，同时，激发了居民清洁生活用能需求[21]。党的二十大报告提出，要把实施扩大内需战略同深化供给侧结构性改革有机结合起来。推动碳达峰碳中和工作必须从供给侧和需求侧同时发力，需要适度超前开展能源基础设施建设，以绿色能源供给推动绿色用能需求，加快发展方式绿色转型，推动形成绿色低碳的生产方式和生活方式。

（四）推动产业转型升级的先导性动力

一是适度超前建设可有效推进产业协同转型升级。能源基础设施产业关联度较高，现代化能源基础设施体系是现代化产业体系的重要组成部分。以电网基础设施为例，上游涉及换流阀、变压器、电容器、互感器、控制保护、电抗器、断路器、滤波器制造，中游涉及直流交流特高压、输送端缆架、绝缘器件和电器检测，下游涉及配电自动化、变电自动化、调度自动化升级改造。截至 2023 年底，我国共建成投运 38 个特高压工程，如表 1-6所示，其中国家电网建成投运 18 项交流特高压，16 项直流特高压；南方电网建成投运 4 项直流特高压[22]。特高压工程的快速发展建设，带动上下游产业国产化水平不断提升，智能化、数字化转型持续推进，为经济发展注入创新动能。

二是适度超前建设可推进能源新技术产业化发展。能源基础设施是技术密集型产业，适度超前开展规划建设有利于促进新技术、新模式和新产品的广泛应用，推进其向产业化、市场化和规模化方向发展，对加快培育战略性新兴产业、实现经济发展方式转变、支撑经济社会发展具有重要意义。以我国核电发展为例，华龙一号的建设促进了我国自主知识产权第三代核电技术的产业化发展，华龙一号海外示范工程在巴基斯坦卡拉奇核电站建成投运，实现了我国三代核电技术走向世界，为我国高端制造业带来巨大的经济效益和转型升级机遇。同时，华龙一号项目建设带动上下游产业链 5300 多家企业参与研发制造，进一步催生能源新技术研发。以我国水电发展为例，白鹤滩水电站的建设实现了百万千瓦水电机组研发应用，标志着我国水电重大装备国产化水平、技术水平稳步提升，从“跟跑”到“并跑”再到“领跑”，实现我国水电引领全球。

表 1-6　我国已建成投运特高压工程

序号	工程名称	投运时间	电压等级	序号	工程名称	投运时间	电压等级
1	晋东南—南阳—荆门	2009 年	1000 千伏交流	20	滇西北—广东	2018 年	±800 千伏直流
2	云南—广东	2010 年	±800 千伏直流	21	上海庙—临沂	2019 年	±800 千伏直流
3	向家坝—上海	2010 年	±800 千伏直流	22	北京西—石家庄	2019 年	1000 千伏交流
4	锦屏—苏南	2012 年	±800 千伏直流	23	准东—皖南	2019 年	±1100 千伏直流
5	淮南—浙北—上海	2013 年	1000 千伏交流	24	山东—河北环网	2020 年	1000 千伏交流
6	哈密南—郑州	2014 年	±800 千伏直流	25	张北—雄安	2020 年	1000 千伏交流
7	溪洛渡左岸—浙江金华	2014 年	±800 千伏直流	26	蒙西—晋中	2020 年	1000 千伏交流
8	浙北—福州	2014 年	1000 千伏交流	27	驻马店—南阳（配套）	2020 年	1000 千伏交流
9	糯扎渡—广东	2015 年	±800 千伏直流	28	乌东德—广东、广西（昆柳龙直流工程）	2020 年	±800 千伏 三端混合直流
10	锡盟—山东	2016 年	1000 千伏交流	29	青海—河南	2020 年	±800 千伏直流
11	宁东—浙江	2016 年	±800 千伏直流	30	雅中—江西	2021 年	±800 千伏直流
12	淮南—南京—上海	2016 年	1000 千伏交流	31	南昌—长沙	2021 年	1000 千伏交流
13	蒙西—天津南	2016 年	1000 千伏交流	32	陕北—湖北	2022 年	±800 千伏直流
14	酒泉—湖南	2017 年	±800 千伏直流	33	白鹤滩—江苏	2022 年	±800 千伏直流
15	晋北—南京	2017 年	±800 千伏直流	34	南阳—荆门—长沙	2022 年	1000 千伏交流
16	榆横—潍坊	2017 年	1000 千伏交流	35	荆门—武汉	2022 年	1000 千伏交流
17	锡盟—胜利	2017 年	1000 千伏交流	36	白鹤滩—浙江	2023 年	±800 千伏直流
18	锡盟—泰州	2017 年	±800 千伏直流	37	驻马店—武汉	2023 年	1000 千伏交流
19	扎鲁特—青州	2017 年	±800 千伏直流	38	福州—厦门	2023 年	1000 千伏交流

资料来源：笔者根据公开材料整理。

第二章

发达经济体能源基础设施发展趋向

一、美国

（一）美国能源基础设施发展历程

美国能源基础设施建设起步较早，罗斯福时期相继颁布700多项法令，从制度上明确了联邦政府肩负社会福利保障职责，构建了能源基础设施投资良好营商环境。经罗斯福、艾森豪威尔时期的大规模建设，20世纪70年代，美国能源基础设施网络已基本成型，后续基础设施投资主要集中在设备更新和维护方面。

1. 油气管网基础设施

天然气管网：20世纪40年代中期至70年代是美国管道建设高速发展期，大规模管道建设成为保障美国天然气产业发展的重要基础。1925年，美国建成第一条长达1000千米的跨州输气管道；1926年，美国铺设第一条管径14~18英寸①的天然气长输管线；1931年，美国建成长达1600千米的24英寸长输管线；1966年，美国本土48个州全部通气，天然气管网“全国一张网”逐步形成。自20世纪70年代开始，美国管网建设进入平稳发展期，20世纪80年代后，主干管道以产区至干线的联络线和州际、州内的联络线建设为主。近年来，随着北美地区油砂资源、页岩气的逐步开发，天然气产能迅猛增长，加快了天然气管道的建设步伐，2021—2022年天然气管网里程增长了9.4万英里②，主要为陆上天然气集疏管网。

---

① 1英寸=2.54厘米

② 1英里=1.609344千米

1984—2023 年美国天然气管网里程变化情况见图 2-1。

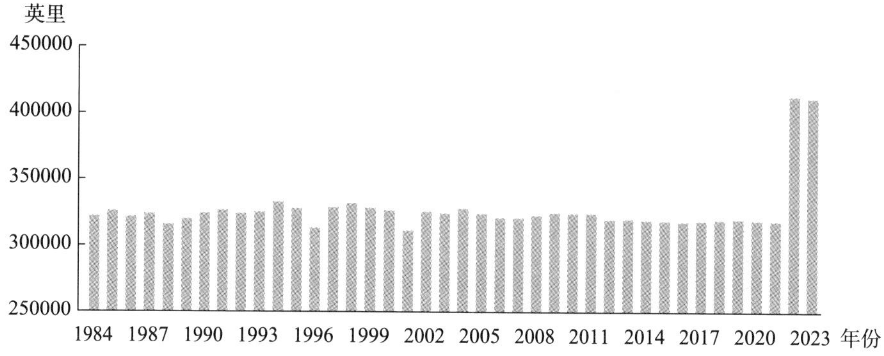

图 2-1　1984—2023 年美国天然气管网里程变化情况

资料来源：笔者根据美国运输部管道与危险材料安全管理局相关数据绘制。

输油管网：1941 年珍珠港事件后，美国政府为应对原油海运军事攻击，组织修建了从盛产石油的得克萨斯州朗维尤到纽约州费城地区的“大口径”输油管道。到 1959 年，美国原油输送管网已经发展到 16 万英里（约合 25.7 万千米），炼油厂 80%的原油需求依靠管道运输。2004—2020 年，美国原油及成品油管道里程从 11.1 万英里增长到 14.9 万英里（约合 24 万千米），成品油管道里程基本稳定在 6 万英里左右，原油管道里程从 4.9 万英里增至 8.5 万英里。2004—2020 年美国输油管道里程变化情况见图 2-2。

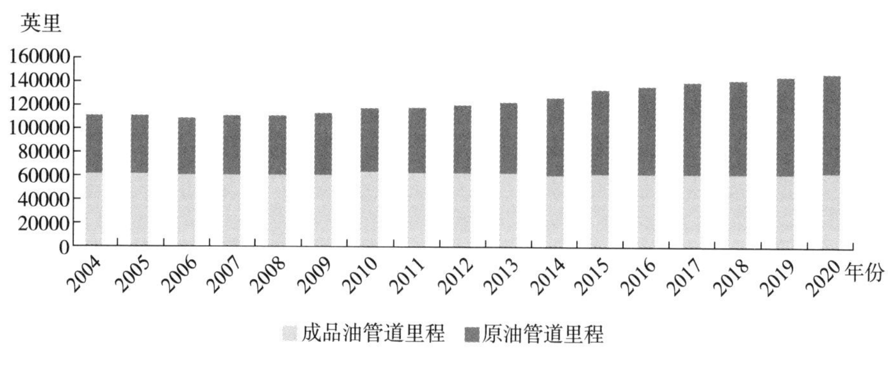

图 2-2　2004—2020 年美国输油管道里程变化情况

资料来源：笔者根据美国运输部管道与危险材料安全管理局相关数据绘制。

2. 电网基础设施

美国电网已有100多年的建设发展历史。发展初期，各地公营和私营电力公司根据所处区域电源和用电负荷分布情况构建形成区域孤立电网。随后各家电力公司在互利原则基础上通过双边或多边协议、联合经营等方式相互联网，依托各自区域的优势能源资源逐步形成东部、西部和得克萨斯三大电网体系。但三大电网体系之间仅有少数低容量的直流线路连接，这为电网安全埋下了隐患。

东部电网地区因靠近美国主要煤、气供应地而以煤炭和天然气发电为主。西部电网地区则因靠近科罗拉多山系和河流，当地分布有落基山脉等地势落差很大的山体，以水电为主。南部的得克萨斯电网处于页岩气盆地所在地，天然气发电一家独大，形成了区域内的独立小电网。三大电网分别占美国售电量的73%、19%和8%。美国主干电力传输路线超过60万英里（其中24万英里的线路为高压线路），地方配电线路为550万英里[23]。

3. 电源基础设施

火电方面：1882年，美国建成了第一座火力发电站，自此，美国政府大力推进煤电建设。特别是1973年“石油危机”后，美国煤电装机规模占电力装机规模总量的比重不断增长。1984年，煤电占电力结构比重达到56%，与1972年相比增长12个百分点。2000年后，美国大力推进天然气电站建设。2005年，天然气电站装机规模已达到3.83亿千瓦，约为1990年水平的2.7倍。截至2022年底，天然气电站装机规模达到4.96亿千瓦，煤电装机规模降至1.98亿千瓦。

水电方面：美国水能利用历史悠久，第一座水电站建成于1892年，装机规模约为12.5千瓦。19世纪末，美国建设了40~50座水电站，水电发电量占全国总电量的15%，1940年达到40%。在20世纪20年代的大萧条时期，美国西部同时发生了洪水和干旱等自然灾害，促使其兴建具有综合服务功能的水利枢纽工程，并通过西部开发拉动国内经济。以大古力大坝为例，该工程投资金额为 6300 万美元，发电能力为 6465 兆瓦。1933—1978 年，田纳西流域总发电能力从 80 万千瓦增至 2800 万千瓦，流域辖地人均年耗电量是全国平均水平的 1.4 倍，电费价格为全国平均水平的一半。截至 2022 年底，水电装机规模达 1.03 亿千瓦，其中常规水电装机规模 8000 万千瓦、抽水蓄能装机规模 2300 万千瓦。

核电方面：1945 年以后，美国核能发展目标逐渐从战时曼哈顿计划转向民用核电。1951 年，爱达荷州国家核反应堆测试站实现核能发电。1958 年,美国首座商用核能反应堆核电站并网发电。自此，美国核电建设进入高速发展期，1971 年，美国在运商业核电站达 22 座；1979 年，72 座核反应堆满足了美国 12%的电力需求；1984 年，美国核电装机规模超过水电，成为第二大电源。截至 2022 年底，美国在运核电机组达 93 座，装机规模为 9476 万千瓦。

风电光伏方面：20 世纪下半叶的世界“石油危机”之后，在化石能源告急和生态环境恶化的背景下，风能和太阳能作为清洁高效的可再生能源得到迅猛发展。截至 2022 年，美国风电规模达到 1.4 亿千瓦，光伏装机规模达到 7210 万千瓦。美国电力结构变化情况见图 2-3。

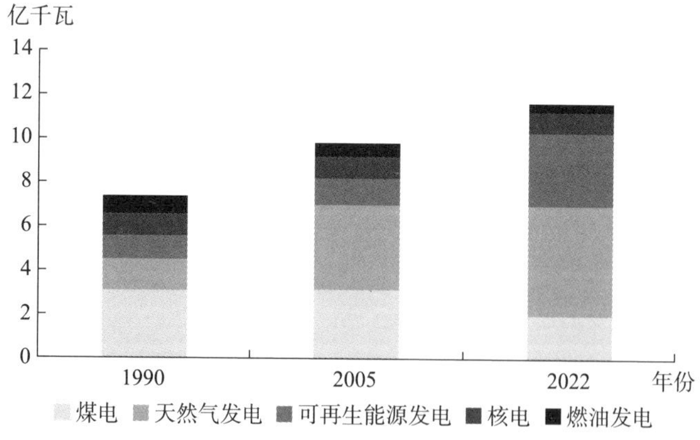

图 2-3　美国电力结构变化情况

资料来源：笔者根据国际能源署（EIA）相关数据绘制。

（二）美国能源基础设施存在的主要问题

1. 油气基础设施抵御风险能力不足

一是输油管道泄漏问题频发。“拱心石”（Keystone）管道连接加拿大阿尔伯塔省和美国中西部以及墨西哥湾地区，日输油能力达62.2万桶，是加拿大向美国输油的一条“主动脉”，自2010年正式开通以来已发生23次泄漏事故。2022年12月，“拱心石”管道破裂进而发生大规模泄漏，超过1.4万桶石油流入美国堪萨斯州的河流中，漏油量达到58.8万加仑。

二是抵御风险能力不足。以“劳拉”飓风为例，飓风灾害导致墨西哥湾地区82%的石油产能和57%的天然气产能被迫关闭，相当于全美17%的石油产量和5%的天然气产量“暂时消失”。海上钻井活动全面停摆，导致160万桶/日的海上石油产量下线，油气生产和炼化行业几乎瘫痪。近年来，美国油气基础设施遭恶意软件袭击事故频发，2021年，美国最大成品油管道运营商Colonial Pipeline因受到勒索软件攻击，被迫关闭其美国东部沿海各州的供油网络。

2. 电网基础设施需要加强投资建设

一是电网结构相互独立，互济能力不足。美国电力产业结构复杂，电网产权分散掌握在超过500家公司与组织手中，缺乏统一高效的配置平台，导致电力系统跨区互济能力不足。同时，美国电网主要采用局部联网、就地平衡的发展方式，州内电网规划和项目审批由各州自行主导，跨区输电联络薄弱，限制了电力资源大范围优化配置的能力，以及极端天气等特殊情况下跨区域电力互济的能力。

二是大部分电网基础设施已进入老化阶段。美国能源部（DOE）统计显示，美国70%的输电线路运行年限超过25年，60%的断路器运行年限超过30年，70%的变压器已经处于“超期服役”状态，陈旧的电网设施面临保障供电可靠性的巨大挑战。以变压器为例，变压器老化导致其可靠性降低，长期暴露在热力、振动、电磁感应和机械应力下，将逐渐削弱内部绝缘材料的强度和导电性能，易造成电力故障和短路。

三是投资建设动力不足。美国输变电主网投资在 20 世纪 70 年代至 90 年代处于停滞状态，长期滞后于电力需求和发电装机容量的增长，直到 2005 年电网建设投资才恢复到 1975 年的水平。过去几年，美国输配电系统和电网可靠性投资有所增加，停电情况略有好转。美国高压输电的年度支出从 2012 年的 156 亿美元增加到 2017 年的 219 亿美元，配电系统的支出在过去 20 年中增加了 54%，但仍未达到电力发展需求。美国联邦能源监管委员会（FERC）对美国各地电网升级改造与运维所需的投资规模进行了深入分析，按照 2030 年美国高压电网的输送与承载能力较当前水平提升 60%，投资规模将达到 3300 亿美元；按照 2050 年高压电网的输送与承载能力较当前水平提升 3 倍，投资规模将达到 2. 2 万亿美元。

3. 电源基础设施亟待更新改造

一是水电基础设施亟待更新改造。美国水电基础设施建设时间较早，主要以过往气候数据为基础进行设计，近 10 年急剧变化的气候条件导致已步入老龄化的水坝“不堪负重”。美国土木工程师学会（ASCE）的数据显示，美国水坝平均运行时间接近 60 年，约有 9. 1 万座水坝面临倒塌危险，水电基础设施亟待维护、升级。

二是核电面临退役问题。近年来，美国页岩气革命促进燃气发电成本持续下降，进一步导致电力批发价格下降。此外，可再生能源享受抵免 22 美元/兆瓦时补贴以及优先并网等政策后，已形成一定经济性优势，核电经营受到其他电源品种市场冲击，部分运营企业出售核电资产或放弃部分机组延寿提前退役，新建核电意愿普遍不强。据统计，自 2017 年以来，美国已有 6 台总容量为 4736 兆瓦的核电机组退役，另外 3 台总容量为3009 兆瓦的机组计划在未来几年退役。

（三）美国能源基础设施发展趋向

自20世纪70年代起，美国基础设施建设几乎进入停滞状态，陈旧的基础设施已成为制约美国经济发展的重要因素之一。奥巴马政府、特朗普政府均提出基础设施建设计划或法案，但均未得到有效实施。拜登上台后也多次提及将基础设施投资作为对中国竞争的战略领域。2021年11月15日，拜登政府签署《法案》，旨在为现有联邦公共基础设施项目提供资金。为应对能源基础设施不足问题，《法案》对能源基础设施领域投资740亿美元。

1. 构建清洁能源生产、输运体系

2022年，DOE启动“建设更好电网”计划，将投资165亿美元加快输电通道规划建设，提升清洁电力输送能力、降低用电成本，增强电力系统韧性，助力实现2035年100%零碳电力目标。《法案》为民用核信贷计划提供60亿美元资金，为面临关闭和取代风险的现有核反应堆提供财政支持；同时，投资7亿美元用于水电机组升级改造。

2. 着力推进清洁能源新技术试点示范

《法案》投资215亿美元用于支持清洁能源示范项目，主要包括“绿氢”、碳捕获、电网规模级储能和先进核反应堆等。DOE成立清洁能源示范办公室，负责监督《法案》为清洁能源示范项目提供的215亿美元资金的使用情况，要求相关资金主要用于支持清洁能源新技术商业化和大规模推广，促进经济发展和创造工作岗位。

3. 用户终端能效提升

《法案》提出，DOE负责投资额外的65亿美元来支持能效提升，以降低美国家庭、企业、学校和社区的能源成本，提高舒适度和健康水平，并减少二氧化碳和空气污染，投资还将帮助州、地方和部落政府开发和实施清洁能源和能源效率项目，为社区创造就业机会。

4. 加快充电基础设施建设

国家电动汽车充电计划（50 亿美元）和拨款计划（25 亿美元）为各州提供了总计 75 亿美元的资金，用于采购和安装电动汽车充电基础设施，构建全国范围的电动汽车充电基础设施网络，以满足生活、工作和购物的充电需求。相关资金也将用于促进公交和校车电能或清洁能源替代。

二、欧盟

欧盟是目前区域一体化发展水平最高的地区，源于 20 世纪 50 年代的欧洲煤钢共同体（European Coal and Steel Community），是协调各成员国煤钢生产、保证共同体内部有效竞争以推进区域经济一体化的国际组织。20 世纪80 年代，欧盟基础设施建设战略旨在推动跨境运输渠道、能源和电子通信网络建设。21 世纪，欧盟基础设施受到恐怖袭击、网络犯罪影响，各成员国着重保护能源、运输和通信领域的关键基础设施。当前，欧盟尝试平衡内向性的基础设施战略和外向性的自由主义全球化目标，旨在通过基建战略和对外投资增强国际影响力。

（一）欧盟能源基础设施发展历程

1. 油气基础设施

1964—2003 年，欧盟天然气管网建设进入快速发展阶段。40 年间，欧盟天然气管道总长度从占全球比重不到 10%增至接近 30%。截至 2018 年，欧盟已建成长度超过 23. 5 万千米的天然气干线管道，管道纵横交错、四通八达。其中，德国是欧盟天然气管网最发达的国家，其天然气干线管道总里程约为 7. 5 万千米，法国天然气干线管道总里程约为 3. 8 万千米。围绕主要天然气干线管网，欧盟形成 10 余个区域天然气交汇中心，各国或区域性管网系统既相互独立又通过多条联络线互联互通。英国、法国和德国等国家建立了多个管网控制中心（如英国天然气国家控制中心），主要负责平衡用户与各中心之间的气量和进行运力分配。其中，部分联络线管道具有双向输送功能，极大地提高了天然气调配的灵活性。例如，英国东南沿海 Bacton 地区，有两条海底管道分别与荷兰及比利时的天然气管道相连接，可实现双向输气。

截至 2021 年 7 月，欧盟在运地下储气库共 146 座。从储气库类型来看，以枯竭油气藏储气库为主，占比 48%；盐穴储气库次之，占比 35%；含水层储气库占比 15%。欧盟国家在运储气库总工作气量接近 1143 亿立方米，其中德国、法国和意大利储气库工作气量较高，分别为 266 亿立方米、245 亿立方米和 145 亿立方米。欧盟各国地下储气库情况见图 2-4。乌克兰危机以来，欧盟各国着力提升液化天然气接收站建设步伐，截至 2022 年 10 月，欧盟各国在运及在建液化天然气（Liquefied Natural Gas，LNG）接收站的接收能力达到 186 亿立方米/年。2023—2029 年，欧盟各国计划建设 25 座 LNG 接收站，LNG 接收能力增加 101 亿立方米/年。欧盟

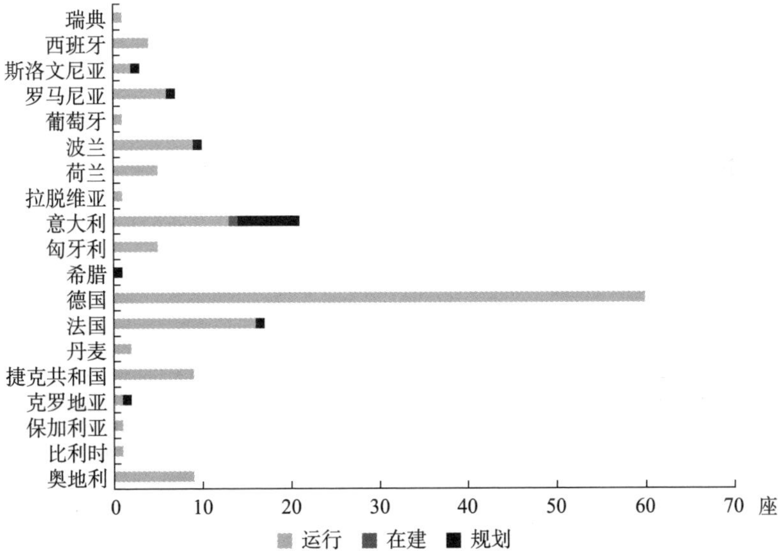

图 2-4　欧盟各国地下储气库情况

资料来源：笔者根据 Gas Infrastructure Europe 相关数据绘制。

各国 LNG 接收站情况见图 2-5。

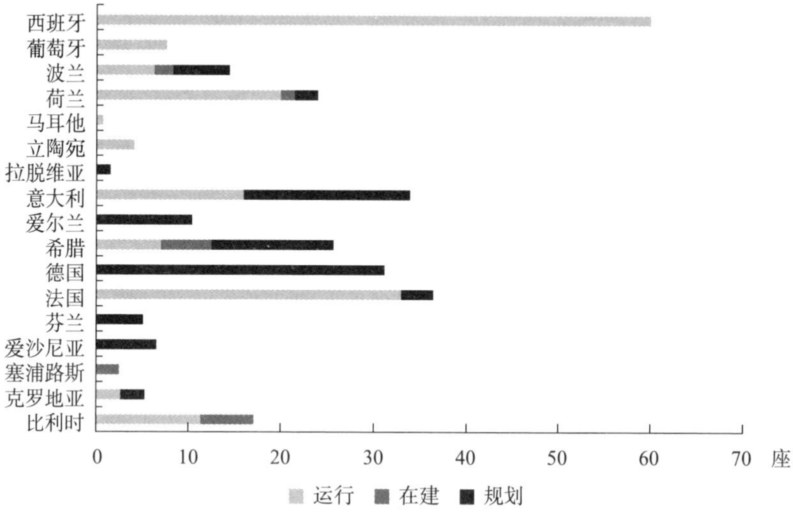

图 2-5　欧盟各国 LNG 接收站情况

资料来源：笔者根据 Gas Infrastructure Europe 相关数据绘制。

2. 电网基础设施

1951 年，比利时、德国、法国、意大利、卢森堡、荷兰、奥地利和瑞士八国联合成立了电能生产和传输协调联盟（UCPTE）。UCPTE 成立的首要目标是促进各地区电力交换、最大化燃料经济性。1996 年，UCPTE 分拆发输配电业务，并更名为电力传输协调联盟（UCTE），至此欧洲区域电网初见雏形。2008 年，UCTE 和各区域电力组织共同成立欧洲输电系统运营商网络（ENTSO-E），负责欧洲电网管理和输配电等相关工作。2022 年，乌克兰退出了俄罗斯的“综合电力系统”，并加入 ENTSO-E。ENTSO-E 已有 35 个国家，形成世界上最大的跨国互联电网。

截至 2023 年底，欧洲在运跨境输电线路达到 341 条，其中直流输电线路 304 条，交流输电线路 37 条；跨境输电线路长度达到 54.8 万千米（见表 2-1）。欧洲互联电网各成员国之间主要通过 220～380 千伏直流线路实现互联，部分通过超过400千伏、380~400千伏、220千伏以下电压等级输电线路实现互联（见表2-2）。欧洲互联电网成员国中，以德国、法国、波兰、意大利为代表的大部分国家输电线路的电压等级集中在220~380千伏和380~400千伏；立陶宛、拉脱维亚、塞尔维亚等国家以低压输电线路为主[24]（见图2-6）。

表2-1　欧洲跨境输电线路长度情况　　单位：千米

等级	直流线路	直流电缆	交流电缆
超过400千伏	385	—	—
380~400千伏	174641	1360	8944
220~380千伏	137548	8104	4462
小于220千伏	210375	—	2081
合计	522949	9464	15487

资料来源：笔者根据欧洲输电系统运营商网络相关数据整理。

表2-2　欧洲跨境输电通道数量情况　　单位：条

等级	直流通道	交流通道
超过400千伏	64	13
380~400千伏	74	2
220~380千伏	102	14
小于220千伏	64	8
合计	304	37

资料来源：笔者根据欧洲输电系统运营商网络相关数据整理。

3. 电源基础设施

火电方面：煤电是欧盟推进能源转型的重要着力点，2018—2023年，欧盟煤电装机规模稳步下降，截至2023年底，欧盟煤电装机规模为1.03亿千瓦，与2018年相比减少3500万千瓦。与煤电相比，天然气发电碳排放较低，同时具有较强的电力调节能力，是能源转型过程中的过渡电源。受俄乌冲突影响，近年来欧盟天然气发电装机规模增长较慢。随着欧

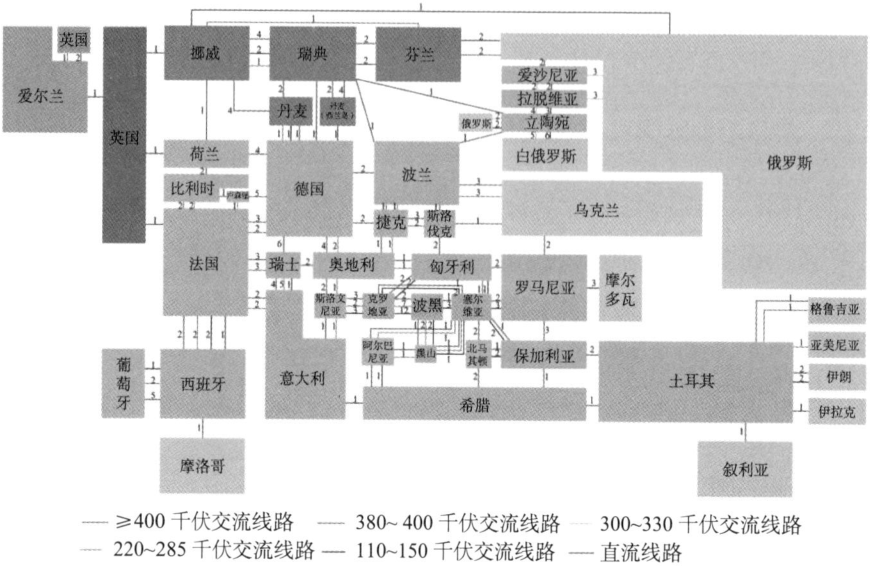

图 2-6　欧洲电网跨国互联现状

资料来源：《欧洲大范围跨国电力互联在极端天气下电力安全保供中的作用分析》。

盟各国通过波罗的海天然气管道增加挪威和荷兰天然气进口能力，通过南部天然气走廊加强与阿塞拜疆沙赫德尼兹气田合作等方式逐步摆脱对俄罗斯的依赖，欧盟天然气发电装机规模进一步扩大。截至 2023 年底，欧盟天然气发电装机规模达到 1.84 亿千瓦。

水电方面：2020 年，欧洲能源研究联盟（EERA）发布了《水力发电战略研究议程》（*Strategic Research Agenda of the EERA Joint Programme Hydropower*），提出欧洲水电领域未来将开展的研究优先事项，以促进水电技术进一步发展，对欧盟能源系统转型起到了重要作用。2020—2023 年，欧盟水电装机规模保持在 1.5 亿千瓦左右。其中，挪威、瑞典、奥地利、葡萄牙等国家水电装机规模分别达到 3411.8 万千瓦、1637.3 万千瓦、1495.4 万千瓦、825.8 万千瓦，分别为其国家电力装机规模的 85.0%、32.3%、52.1%、38.4%。

核电方面：欧盟统计局 2022 年数据显示，包括法国、德国在内的欧盟

13 个成员国建有核电站，核能发电量约占欧盟总发电量的 25%。各国在运核反应堆共有 109 座，其中法国核能发电量约占欧盟核能总发电量的 52%；匈牙利和保加利亚核能发电量均约占其国家发电总量的 41%，比利时、斯洛文尼亚、捷克均约为 38%。近年来，法国宣布重新发展核电计划，将新建 6 座新型欧洲压水核反应堆，预计第一座将在 2035 年投入使用；同时研究再修建 8 座核反应堆的可行性计划，并且要在保证安全的基础上，将现有核反应堆的使用年限都提升到 50 年以上。

风电光伏方面：近年来，全球能源危机的持续加剧和对进口化石燃料的高度依赖，使得欧洲各国对能源安全的重视程度不断提高。2022 年5 月，欧盟委员会正式公布了《欧盟重新赋能计划》（REPowerEU），旨在通过大力发展可再生能源，逐步摆脱对进口化石燃料的依赖，提高能源自给率。截至 2023 年底，欧盟光伏装机规模达到 2. 2 亿千瓦，陆上风电装机规模达到 1. 97 亿千瓦，海上风电装机规模达到 1734 万千瓦。2020—2023 年欧盟各国各类能源电力装机情况见图 2-7。

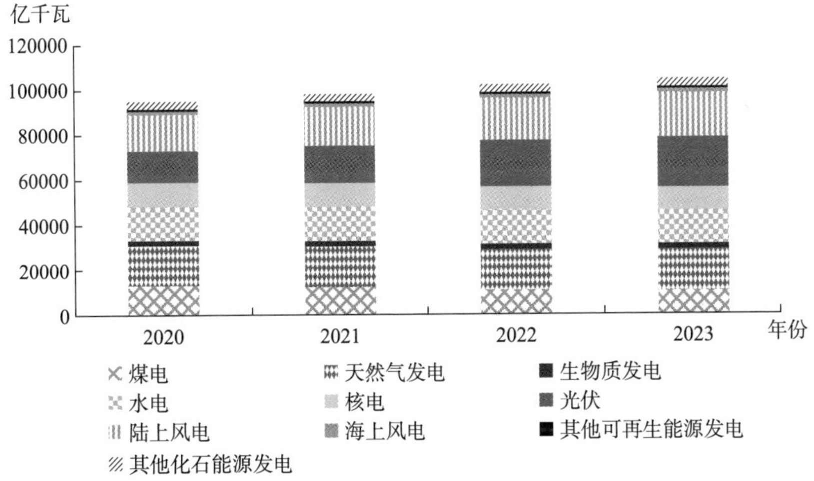

图 2-7　2020—2023 年欧盟各国各类能源电力装机情况

资料来源：笔者根据 Eurelectric 相关数据绘制。

（二）欧盟能源基础设施存在的主要问题

1. 天然气基础设施有待重新调整

北溪管道是俄欧重要的天然气能源纽带，“北溪 1 号”管线从俄罗斯圣彼得堡西北的维堡港，穿过波罗的海，到达德国格雷夫斯瓦尔德，与中欧、西欧天然气管网相接，向丹麦、荷兰、比利时、法国、英国、捷克等欧洲国家输送天然气。2022 年 9 月，北溪管道发生爆炸，加剧了欧洲天然气供给短缺问题，短期内天然气价格上涨 22%。

欧盟主要通过增加自产、进口管道天然气（PNG）和 LNG 等方式补充俄罗斯进口天然气缺口。从自产潜力来看，2021 年荷兰天然气产量占欧盟总产量的 41%，但荷兰格罗宁根气田面临因开采存在安全隐患而被迫关闭的风险。从 PNG 来看，由于铺设新管道周期较长，短期内很难实现。从 LNG 来看，欧洲的 LNG 基础设施短缺且分布不均，据测算，大型 LNG 运输船泊位的缺口高达 30 个，建设周期需要 4 年左右。

2. 电网基础设施升级和扩建进程滞后于可再生能源发展

一方面，电网老化问题突出。发达经济体电气化发展较早，电网老化问题严重。Ember 统计数据显示，欧洲 1/3 的低压电网使用时间已超 40 年；到 2030 年，约有 55%的低压电网使用时间超过 40 年。另一方面，电网项目建设周期长。发达经济体超高压（220~765 千伏）线路获得许可并完成建设需要 5~13 年，高压（36~220 千伏）线路需要 4~8 年，配网（1~36 千伏）线路在 4 年以内。2022 年底，英国、意大利、西班牙、法国和德国排队等待并网的光伏和风电项目总装机规模达到 596 吉瓦。以连接西班牙和法国电网的比斯开湾项目为例，该项目从 2017 年开始初步磋商，预计 2027 年方可投入使用，西班牙新增可再生能源发电装机容量与国内及跨境输电能力难以适时匹配发展，电网建设滞后将成为制约欧洲可再生能源发展的重要“瓶颈”。

3. 传统电源基础设施退出节奏过快

欧洲在快速推进能源低碳转型过程中对能源安全兜底保障能力考虑不够，传统能源基础设施退出与新能源基础设施发展缺乏协同，风险应对能力不足[25]。以德国为例，联邦政府在 2019 年宣布到 2038 年全面退出煤电，此后出台了《煤炭退出法》《加强煤炭地区结构调整法》，明确了煤电关停路线图和矿区补偿方案。2021 年新一届联合政府建议将“退煤”期限提前 8 年至 2030 年。2018—2022 年，德国风电装机规模增加 6800 兆瓦，太阳能发电装机规模增加 15230 兆瓦，但是火电装机规模下降 8936 兆瓦，核电装机规模下降 5460 兆瓦。可再生能源间歇性地不稳定供给与化石能源供给能力过快降低导致德国能源出现供给风险，造成部分时段电力供应紧张等问题。

4. 充电基础设施缺口较大

2019 年，欧盟委员会发布的《欧洲绿色协议》提出了到 2030 年新乘用车和卡车的二氧化碳排放量比 2021 年减少 55%的发展目标，为支撑交通领域减排目标，电动汽车规模需要增至 3000 万辆。2022 年，欧洲汽车制造商协会（The European Automobile Manufacturers' Association）发布的《欧洲充电基础设施发展纲要》（*European EV Charging Infrastructure Masterplan*）提出，到 2030 年，需要建设 680 万台公共充电基础设施和 2940 万台私人充电基础设施。

截至 2023 年底，欧盟公共充电基础设施保有量仅为 6.3 万台，据此测算，公共充电基础设施年均建设规模需达到 84 万台。据统计，2023 年欧盟公共充电基础设施年均增长仅为 15.3 万台左右，难以完成建设目标。从设施布局来看，欧盟各国公共充电基础设施建设布局差距较大，超过 60%的公共充电基础设施分布在德国、法国和荷兰，40%分散在其他 24 个欧盟国家（见图 2-8）。从设施类型来看，欧盟公共充电基础设施中直流桩仅为 16%。从设施功率来看，公共充电基础设施功率高于 22 千瓦的比重仅为 13.5%。

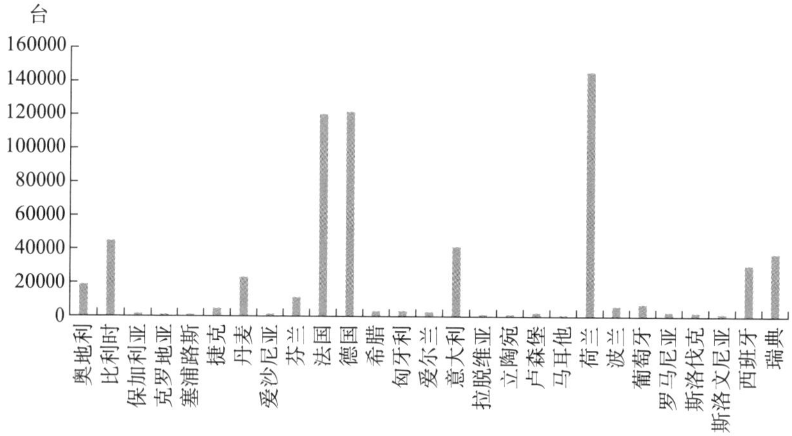

图 2-8　2023 年欧盟各国公共充电基础设施保有量情况

资料来源：笔者根据 Charging ahead：accelerating the roll-out of EU electric vehicle charging infrastructure 相关数据绘制。

（三）欧盟能源基础设施发展趋向

2021 年，欧盟委员会公布“Fit for 55”“一揽子”气候计划，提出包括能源、工业、交通、建筑等领域的举措。2022 年，欧盟委员会发布了《欧盟重新赋能计划》，旨在通过快速推进清洁能源转型，建立更有弹性的能源体系和能源联盟，迅速降低对俄罗斯的燃料依赖。

1. 着力完善天然气基础设施网络

一是积极建设跨国天然气管道，增强欧盟各国互联互通能力。进一步增强立陶宛—拉脱维亚天然气管道、罗马尼亚—匈牙利天然气跨国管道输送能力，规划建设立陶宛—波兰天然气管道、波兰—斯洛伐克天然气管道、希腊—保加利亚天然气管道及波罗的海等跨国天然气管道，旨在提高欧盟各国天然气供应多样性与互联互通能力。同时，加强区域天然气管网与 LNG 终端设施及相关管道网络的建设，以促进欧盟内部天然气互联互通以及 LNG 在不同国家之间的分配与供应。二是加强储气能力建设。荷兰鹿特丹、埃姆斯哈文港，德国威廉港均规划建设大型 LNG 终端，法国弗兰维尔、比利时泽布吕赫、波兰希维诺乌伊希切开展 LNG 终端扩建工程，增加储罐容量、改进卸船设备、升级气化设施等。

2. 大力推进可再生能源基础设施建设

光伏方面：欧盟计划到 2025 年实现 320 吉瓦的太阳能光伏并网，较 2020 年翻番，到 2030 年几乎再度翻倍至 600 吉瓦。要实现这个目标，未来欧盟每年新增装机量至少要达到 45 吉瓦。此外，欧盟提出了一项分阶段屋顶光伏立法，到 2026 年，所有屋顶面积大于 250 平方米的新建公共建筑和商业楼必须安装屋顶光伏，所有符合条件的现存楼栋则需要在 2027 年完成安装，2029 年后所有的新建住宅楼都需要强制安装屋顶光伏。

海上风电方面：2023 年 4 月，比利时、丹麦、德国、荷兰、法国、英国、爱尔兰、挪威和卢森堡九国就开发北海海上风能签署了《奥斯坦德宣言》，进一步提升了原有北海海上风电装机目标。欧盟计划 2050 年前将海上风电装机容量提高至 300 吉瓦以上，预计投资需求将达到 8000 亿欧元，《奥斯坦德宣言》强调，与会各国将充分利用北海地区的能源和工业潜力，到 2050 年将其打造成“欧洲最大的绿色能源基地”。德国修订的《可再生能源法》（EEG）提出到 2030 年海上风能至少达到 30 吉瓦，陆上风能达到 115 吉瓦左右、每年新增约 10 吉瓦的目标。

3. 适时重启传统电源基础设施

为应对俄罗斯天然气供应减量，奥地利、芬兰、北马其顿、希腊、法国、丹麦、德国、意大利等国陆续宣布延长或重新开放因气候问题关停的燃煤电厂；荷兰、波兰等国则选择暂时解除对燃煤发电的限制，以缓解供应危机。2022 年 2 月，法国提出大规模重振核电计划，将新建 6 座压水反应堆，并启动另外 8 座核反应堆的可行性研究。2023 年 5 月，法国国民议会通过《加速核能发展法案》，取消 2015 年设定的“到 2035 年法国核电占比不超过 50% 的上限”，并简化行政手续促进新反应堆的建设。匈牙利政府期望在 2030 年或 2031 年启动保克什核电站新反应堆。

4. 加快电网基础设施规划布局

ENTSO-E 每两年发布一次电网十年发展规划（TYNDP），根据2022 年发布的欧盟电网十年发展规划，2040 年前欧盟将建设 141 个输电项目，其中 22 个位于北海海上电网，53 个位于西欧南北互联电网西部，48 个位于西欧南北互联电网东部，18 个位于波罗的海能源市场互联地区。同时，欧盟也在加强对乌克兰的电网一体化建设，一方面计划重启跨地中海海底电网从北非输入电力，另一方面建设欧盟区域电网数字化管理，推进与乌克兰等地区的电网整合。

5. 推进补能基础设施绿色转型

2014 年，欧盟公布了《替代燃料基础设施指令》（*Alternative Fuels Infrastructure Regulation*），旨在推动加氢站及压缩天然气（Compressed Natural Gas，CNG）和 LNG 等清洁燃料的基础设施建设，实现欧洲的清洁出行发展目标。在“Fit for 55”计划中，欧盟进一步修正了《替代燃料基础设施指令》，要求欧盟成员国增加公共充电基础设施点位，并随时根据零碳排放的新车销售状况进行调整，以确保车辆在整个欧洲驾驶过程中能充分地为车辆充电或加油。在基础设施建设方面，指令也提出了具体要求，即在主要高速公路上每 60 千米设置一个充电站，每 150 千米设置一个加氢站，到 2050 年建成 1630 万个充电站。

三、日本

第二次世界大战后，日本众多城市受战争摧毁需要进行大规模重建，基础设施亟待恢复升级。20 世纪 50 年代，日本政府推出了一系列“全国综合开发规划”，明确基础设施建设的重点和目标。第一次“石油危机”造成日本经济在战后首次出现负增长，为降低能源进口风险，日本政府逐步加强能源多元化转型。1990—2020 年部分年份日本能源结构情况见图 2-9。

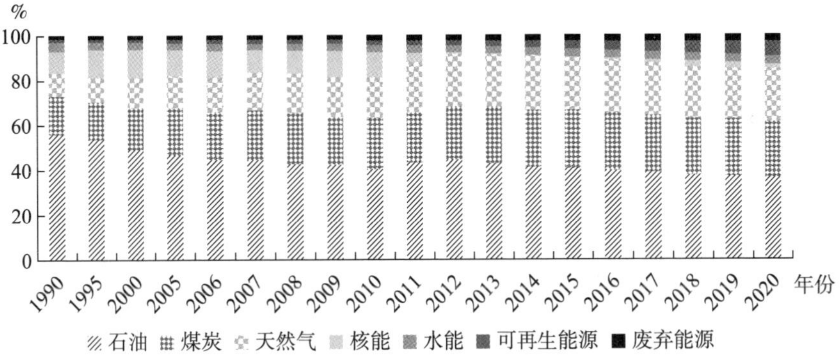

图 2-9　1990—2020 年部分年份日本能源结构情况

资料来源：笔者根据 Japan Organization for Metals and Energy Security 相关数据绘制。

（一）日本能源基础设施发展历程

1. 油气管网基础设施

日本主要通过船舶运输方式进口原油，5 个主要石油港口分别为千叶、横滨、四日市、水岛和大阪，仅有一条千叶炼油厂至成田国际机场输油管道。石油产品主要通过沿海油轮、油罐车和铁路油轮从炼油厂运送到购买方及零售终端。

日本国土南北狭长，海岸线曲折，LNG 码头与接收站在全国范围内均有布局，但大规模 LNG 接收基地主要集中在人口密度大、经济发达的南部沿海区域，与广泛分布的小型卫星站互为补充，形成“南多北少、东多西少”的整体格局。截至2023年底，日本LNG接收站数量已达46座，储罐有216个，储存能力约为217亿立方米。

日本没有全国统一的天然气长输管道，主要通过区域性管网连接LNG接收站与天然气消费重点区域。例如，东京燃气公司京滨网络主要覆盖东京、横滨、千叶等地区，大阪燃气公司阪神网络主要覆盖大阪、神户、京都等地区。截至2023年底，日本主要天然气管道约为5377千米，仅覆盖6%的国土面积。

2. 电网基础设施

日本是典型的能源进口型国家，为缩短距离、节约成本，发电站主要集中于沿海港口工业区，而用电负荷主要集中在沿岸经济发达地区，因而日本电网分布总体呈现“以外围港口向内陆负荷中心收敛”的蛛网结构特征。

日本电网主要由东部和西部两大电网组成。其中，东部电网由北海道电力、东北电力、东京电力3家公司建设运营，西部电网由北陆电力、中部电力、关西电力、中国电力、四国电力、九州电力和没有直接联网的冲绳电力7家公司建设运营。19世纪末，日本组建供电网络期间，东部和西部地区在技术路线选择及设施采购等方面存在分歧，东部地区采用了50赫兹电力设备，而西部地区创建了60赫兹的供电网络。

日本是早期的核电大国，自20世纪70年代以来，核电已成为日本能源战略的重要组成部分。1992年，日本政府建成西群马开关站—东山梨变电站1000千伏特高压输电通道。1993年，日本政府建成柏崎刈羽核电站—南新潟干线1000千伏特高压输电通道，主要用于将日本海沿岸群马县核电电量输送至东京都地区。1999年，日本政府分别建成南磐城干线—东群马干线1000千伏和东群马干线—西群马干线1000千伏特高压输电通道，主要用于输送太平洋沿岸各发电站电量。日本1000千伏特高压输电通道情况见表2-3。

表 2-3　日本 1000 千伏特高压输电通道情况

年份	电压等级	线路	输出电源	里程
1992	1000 千伏	西群马开关站—东山梨变电站	核电	138 千米
1993	1000 千伏	柏崎刈羽核电站—南新潟干线	核电	49 千米
1999	1000 千伏	南磐城干线—东群马干线	火电	194 千米
1999	1000 千伏	东群马干线—西群马干线	火电	44 千米

资料来源：笔者根据公开材料整理。

3. 电源基础设施

核电方面：日本第一座商业核电站于 1966 年正式投产，1970—1982 年，平均每年建设 2.1 台核电机组。截至 1985 年，日本已建成 15 座核电站、30 余台核电机组，装机规模达 2300 余万千瓦，居世界第四位。20 世纪末，日本共建成核电站 51 座，发电能力约 4292 万千瓦，已占全国总发电量的 37%，跻身为世界第三核电大国。2011 年，福岛核事故发生后，日本陆续停运并重新审查在运核电站。2012 年 5 月，日本 5 泊核电站 3 号（Tomari-3）停堆维护，造成日本自 1970 年以来首次无核能发电情况。截至 2022 年底，日本核电装机规模达到 3308 万千瓦，约占电力总装机规模的 10%。

火电方面：1970—1980 年，日本燃油发电站建设速度较快，装机规模从约 3000 万千瓦增至约 6000 万千瓦，此后，基本未建设新的燃油发电站；1980 年以后，日本天然气电站和燃煤电站建设速度稳步提升，福岛核电站事故前，装机规模分别达到近 6300 万千瓦和 3800 万千瓦。福岛核电站事故后，日本为应对核电停机造成的电力缺口，分别开工建设了约 1000 万千瓦的天然气机组和 200 万千瓦的燃煤发电机组。截至 2022 年底，火电装机规模约为 15140 万千瓦，约占电力总装机规模的 47.5%；其中，煤电装机规模 5065 万千瓦，天然气电站装机规模 7912 万千瓦，燃油电站装机规模 21620 万千瓦，分别约占火电总装机规模的 33.4%、52.3%、14.3%。

风电光伏方面：1974 年，日本政府制定了“新能源开发计划”，即“阳光计划”，致力于太阳能开发利用，同时包括地热能开发、煤炭液化和汽化技术、风力发电和大型风电机研制、海洋能源开发和海外清洁能源输出技术。1993 年，日本政府对此项计划作了重大修改，出台了“新阳光计划”，旨在不断开发创新型技术，在解决能源和环境问题的同时保持经济的持续增长。2004 年，日本成为全世界太阳能发电装机最多的国家。截至 2022 年，日本光伏装机规模达到 7009 万千瓦，约占电力总装机规模的 22.00%；风电装机规模达到 529 万千瓦，仅占电力总装机规模的 1.70%。

日本电力装机情况见图 2-10。

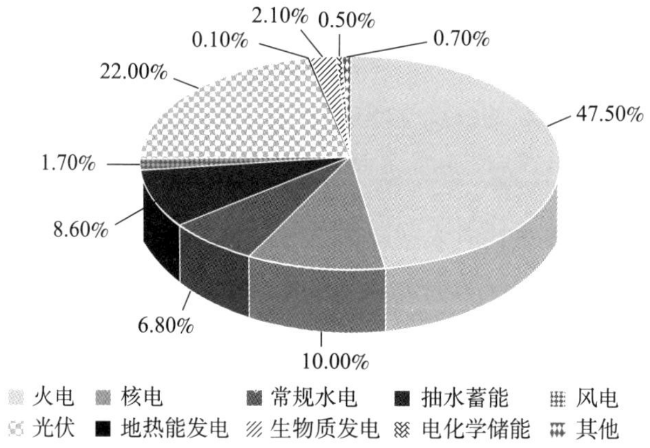

图 2-10　日本电力装机情况

资料来源：笔者根据 Japan Organization for Metals and Energy Security 相关数据绘制。

（二）日本能源基础设施存在的主要问题

1. 电网基础设施亟待优化完善

一是东西电网难以互济。当前，日本仍然保持世界鲜有的“一国两频”的电网结构。东部地区经济发达，电力负荷较大；西部地区以农业为主，电力需求相对较小。两大区域电网通过背靠背换流站保持联结，可以进行少量电力传输，大部分情况下保持独立运行。2011 年，日本大地震导致东部地区电力短缺，但发电能力正常的西部电网受频率转换能力所限，最大只能提供 100 万千瓦的电力支援；而频率同样为 50 赫兹的北海道电力也因送电技术限制，只能提供 60 万千瓦的电力支援。

二是特高压输电工程建设过度超前。电力需求增长是日本特高压工程建设的主要原因之一，20 世纪 70 年代，日本经济高速增长，电力需求年增长率为 6%～10%，东京电力公司超前建设了 4 条 1000 千伏输电线路。2000 年后，日本经济进入低速增长阶段，电力负荷增长停滞不前，4 条 1000 千伏线路和变电站自建成后均降为 500 千伏电压等级运行。

2. 风电项目开发成本偏高

日本土地资源紧缺，电网拥堵问题显著，造成光伏项目建设安装成本居高不下。对于光伏组件和逆变器等光伏项目关键设备，日本企业倾向于选择成本较高、质量较好的本国产品。同时，与其他国家相比，日本劳动力成本较高，这进一步推高了光伏项目建设成本。2019 年，日本大型光伏项目平均安装成本为 2070 美元/千瓦，而全球平均安装成本仅为 995 美元/千瓦。2021 年，日本大型光伏项目的平均安装成本虽然降至 1693 美元/千瓦，但是依然显著高于全球平均安装成本。

陆上多为山脉丘陵，海上缺少浅水区域，风能资源开发潜力有限，风电开发只能围绕漂浮式海上风电，难以形成规模化效应，导致建设成本高昂。2021 年，三菱商事牵头组建企业联盟建成的海上风电规模为 170 万千瓦，但具体分配到各个海域，各项目发电能力仍仅为数十万千瓦。2020 年，日本海上风力发电成本为 30 日元（约合 1.5 元人民币）/千瓦时，是全球平均成本的 3 倍。

3. 核电基础设施重启困难重重

一是新安全标准造成机组升级改造成本增加。福岛核事故之后，日本实施了更为严格的核能安全标准。按照新标准要求，日本商用反应堆中约有 30%需要进行大规模改造。据测算，商用反应堆进行安全升级改造的费用约为 2000 亿日元/台机组，相当于建设成本增加了 1/3，发电成本增加了 1.3 日元/千瓦时。

二是安全合规审查流程周期较长。据统计，日本政府已批准重启 10 台核电机组，从申请到重启平均需要 4 年，最长需要 6 年。已通过审查但尚未重启的 7 台核电机组，审查时间最长需要 7 年。仍处于审查阶段的 10 台核电机组，平均审查期已超过 8 年。

（三）日本能源基础设施发展趋向

2021 年 10 月 22 日，日本政府公布《第六期能源基本计划》（以下简称《基本计划》），制定了到 2030 年温室气体排放量较 2013 年减少 46%并努力争取减排 50%，到 2050 年实现碳中和的发展目标。《基本计划》提出，在全球脱碳进程中，日本应加快脱碳技术创新，引领国际规则制定，提高国际竞争力。此外，还需应对日本能源供应结构面临的挑战，在保证安全的前提下，努力确保能源供应安全稳定，实现能源经济效益最大化[26]。

1. 加强电网基础设施建设

输电通道方面，日本规划在北海道与关东、九州与本州之间新增设多条输电线路，将地区间供电网容量最大提高到 2300 万千瓦（约为当前规模的 2 倍）。同时，着力提高电力系统灵活性，强化网络安全，确保电力系统安全运营。配电网方面，因地制宜建设区域能源微网以有效利用分布式能源，同时，规划 2024 年完成既有低压电表的全面智能化改造。

2. 推动可再生能源成为主力电源

到 2030 年，可再生能源发电占比目标将从第五次计划设定的 22%~24%提高到本次设定的 36%~38%。其中，太阳能发电占比目标将从第五次计划设定的 7%提高到 14%~16%，风力发电占比目标将从 1.7%提高到 5%，水电占比目标将从 8.8%~9.2%提高到 11%，生物质发电占比目标将从 3.7%~4.6%提高到 5%。

一是确保选址最优化，同时促进当地经济共同发展，扩大太阳能光伏和风能发电规模；通过技术创新，利用海域进行可再生能源发电。二是加强安全规范，稳步落实太阳能光伏技术标准，加强可再生能源发电设施日常巡检。三是降低发电成本，有效整合市场规模，通过投标制度、中长期目标价格，在政府调控下，促进可再生能源供应商按照一定的市场价格合理售电，并整合可再生能源市场，实现经济效益最大化。四是促进科技创新，部署安装屋顶式先进太阳能光伏设施，加快海上风力发电技术创新，开发超临界地热深井技术。

3. 促进核电稳定发展

一是在保持公众对核电信任、确保核电安全的前提下，促进核电稳定发展；推进建造临时储存核废料设施，减少放射性废料危害；通过公私合作实现核燃料循环利用，进一步推广铀钚混合氧化物（MOX）核燃料的应用。二是与当地社区建立信任关系，并为当地产业的多元化发展提供支持。三是促进技术研发，通过国际合作开发小型模块化反应堆技术，建立高温气冷堆制氢相关组件技术；通过国际合作开展核聚变技术研发。

4. 推进氢能和氨能基础设施建设

一是构建长期稳定的国外廉价氢能供应链，利用国内资源建立氢气生产基地，以提供高性价比的氢/氨燃料。到 2030 年实现制氢成本从目前的 100 日元/标准立方米降至 30 日元/标准立方米，到 2050 年降至 20 日元/标准立方米；氢气供应量到 2030 年实现 300 万吨/年，到 2050 年实现 2000 万吨/年。二是扩大氢能在能源终端消费领域的应用范围。在发电领域，推进 30%氢/天然气共燃发电技术和 20%氨/煤炭共燃发电技术应用，并推广共燃/单一燃料燃烧示范；在交通运输领域，将战略性建设加氢站，以进一步辅助燃料电池汽车和燃料电池卡车的部署；在工业领域，加强氢还原炼铁技术、大型高性能氢锅炉等生产工艺设备的研制；在建筑领域，推广包括纯氢燃料电池在内的固定式燃料电池应用部署，并进一步降低制造成本。

第三章

我国能源基础设施发展现状及挑战

一、我国能源基础设施发展现状与趋向

（一）保障能源供应的基础设施不断增强

一是煤炭供给质量弹性显著提升。煤炭开发布局持续优化，生产重心加快向资源禀赋好、安全保障强的地区集中，先进产能比重大幅提高。截至 2023 年底，全国煤矿数量减少至 4300 处左右，其中，年产 120 万吨及以上的大型煤矿产量占全国的 85%以上，比 2020 年提高 5 个百分点[27]。油气勘探开发持续推进，截至 2023 年底，我国原油产量达 2.08 亿吨，国内原油 2 亿吨长期稳产的基本盘进一步夯实；天然气产量达 2300 亿立方米，连续 7 年保持百亿立方米增产趋势，非常规天然气产量突破 960 亿立方米，占天然气总产量的 43%，成为天然气增储上产重要增长极。截至 2023 年底，我国发电装机规模达到 29.2 亿千瓦，超过七国集团（G7）装机规模总和；发电量约 9.3 万亿千瓦时，约占世界总发电量的 30.3%。

二是油气"全国一张网"基本形成。国家天然气干线管道初步实现"应联尽联"，干线管输"硬瓶颈"基本消除，资源区域调配效率稳步提高，供应保障能力进一步加强。截至 2023 年底，我国油气管道里程累计达到 19 万千米，其中天然气管道里程 12.4 万千米（长输管道总里程 8.7 万千米），原油管道里程约 3.3 万千米，成品油管道里程约 3.3 万千米[28]。蒙西管道一期、潜江—韶关暑期管道广西支干线、西气东输三线中段（枣阳—仙桃段）等工程顺利投产；西气东输四线（吐鲁番—中卫段）、川气东送二线等重大工程开工建设；古浪—河口等互联互通项目如期投产。

三是建成全球规模最大的电力系统。全国已形成东北、华北、西北、华东、华中、南方六大区域电网格局（见表3-1）。其中，东北电网形成了500千伏主网架结构，华北形成了“两横三纵一环网”交流特高压主网架，西北形成了750千伏主网架，华东形成了1000千伏特高压环网，华中东四省与川渝藏电网实现异步互联，川渝电网实现与藏中500千伏联网，南方电网形成“八交十一直”西电东送主网架。截至2023年底，全国220千伏及以上输电线路长度达92万千米，同比增长4.6%，其中，交流线路86.6万千米、直流线路5.4万千米。220千伏及以上变电设备容量为54.2万千伏安，同比增长5.7%，其中，交流变电设备容量49.4亿千伏安、直流换流容量4.8亿千伏安[29]。

表3-1 我国六大区域电网情况

区域电网名称	电网结构	相关指标
华北电网	华北地区已建成“两横三纵一环网”交流特高压主网架，区内以内蒙古西部电网、山西电网为送端，以京津冀鲁区域为受端负荷中心，形成西电东送、北电南送的送电格局	截至2023年底，华北区域（含内蒙古西部地区）内500千伏及以上变电容量为58317万千伏安；500千伏及以上交流线路长度约为63014千米；直流输电线路（含背靠背）有6条，额定输电容量为4500万千瓦
东北电网	东北电网目前已发展成为北与俄罗斯“直流背靠背”联网、南部和西部分别与华北电网“直流背靠背”和“直流特高压”联网、自北向南交直流环网运行的区域性电网，500千伏主网架已经覆盖东北地区的绝大部分电源基地和负荷中心	截至2023年底，东北区域（含内蒙古东部地区）内500千伏及以上变电容量为16270万千伏安；500千伏及以上交流线路长度约为26682千米；直流输电线路（含背靠背）有4条，额定输电容量为1675万千瓦
西北电网	西北电网形成了以甘肃电网为中心的750千伏主网架，新疆、陕西、宁夏、青海电网分别通过4回、4回、4回、7回750千伏线路与甘肃电网相连	截至2023年底，西北区域内500千伏及以上变电容量为27920万千伏安，500千伏及以上交流线路长度为29214千米；330千伏及以上变电容量为55069万千伏安，330千伏及以上交流线路长度约为70181千米；直流输电线路（含背靠背）有11条，额定输电容量为7071万千瓦

续表

区域电网名称	电网结构	相关指标
华东电网	华东地区围绕长三角形成1000千伏网架，并向南延伸至福建，省间联络通道电压等级为1000千伏，上海、江苏、浙江、安徽、福建均已形成较强的500千伏主网架	截至2023年底，华东区域内500千伏及以上变电容量为56315万千伏安；500千伏及以上交流线路长度约为44312千米；直流输电线路有14条，额定输电容量为8376万千瓦
华中电网	华中东四省电网目前已建成以三峡外送通道为中心，覆盖豫、鄂、湘、赣四省的500千伏骨干网架，河南通过2回1000千伏南荆线、2回1000千伏驻武线和4回500千伏线路与湖北电网相连，湖南通过2回1000千伏荆长线和3回500千伏线路与湖北电网相连，江西通过3回500千伏线路与湖北电网相连。此外，江西通过2回1000千伏长沙至南昌线路与湖南电网相连。 川渝藏电网目前已建成以川渝电网为中心，涵盖川、渝、藏三省（市、区）的500千伏主干网架，川藏、川渝间分别建成3回、6回500千伏联络线	截至2023年底，华中区域内500千伏及以上变电容量为29195万千伏安；500千伏及以上交流线路长度约为36214千米；直流输电线路（含背靠背）有13条，额定输电容量为5927万千瓦。 截至2023年底，川渝藏区域内500千伏及以上变电容量为16130万千伏安；500千伏及以上交流线路长度约为27012千米；直流输电线路（含背靠背）有10条，额定输电容量为5420万千瓦
南方电网	南方电网以云南、贵州为主要送端，广东、广西为主要受端，形成了“八交十一直”的西电东送主干网架，继续维持云南电网与南方电网主网异步运行	截至2023年底，南方电网区域内500千伏及以上交流变电容量为31325万千伏安；500千伏及以上交流线路长度约为47391千米；直流输电线路（含背靠背）有14条，额定输电容量为5240万千瓦

资料来源：笔者根据公开材料整理。

（二）促进绿色转型的能源基础设施加快建设

一是常规水电与抽水蓄能建设积极推进。2023年，新增常规水电装机243万千瓦，累计装机规模达到3.71亿千瓦，在建大型常规水电规模为3062万千瓦；新增投产抽水蓄能装机515万千瓦，累计装机规模达到6343万千瓦/4亿千瓦时，年度核准抽水蓄能电站有49座。

二是风电与太阳能发电保持高速增长趋势。2023年，我国新增风电装机7566万千瓦，创历史新高，同比增长101.6%；累计装机规模达到

4.41 亿千瓦，同比增长 20.8%，占全国电力装机总量的 15.1%。陆上风电仍是风电新增装机主体，年度新增 6933 万千瓦。2023 年，我国新增太阳能发电装机 2.16 亿千瓦，同比增长 147.5%；累计装机规模达到 6.09 亿千瓦，同比增长 55.2%，占全国电力装机总量的 20.9%。新增集中式光伏装机 1.2 亿千瓦，同比增长 239.7%；光热发电累计装机规模达到 57 万千瓦[30]。

三是生物质发电、非电利用规模稳步增长。2023 年，生物质发电新增装机 282 万千瓦，累计装机规模达到 4414 万千瓦，同比增长 6.8%。其中，生活垃圾焚烧发电装机容量占生物质发电总装机容量的 58%，农林生物质发电装机容量占总装机容量的 38%，沼气发电装机容量仅占 4%。非电利用规模相当于 2098 万吨标准煤，同比增长 24.4%。

四是可再生能源制氢发展步伐加快。可再生能源制氢总产能达 7.8 万吨/年，同比增长 123%。绿氢制备技术路线多元化发展，并向商业化快速迈进。绿氢制备成本降幅明显，碱性电解槽设备成本同比下降约 16%，质子交换膜电解设备同比下降约 11%。

五是跨区输电能力稳步提升。截至 2023 年底，我国西电东送规模约为 3.0 亿千瓦，同比增长约 1.3%。其中，北通道为 7889 万千瓦，与 2022 年基本持平；中通道为 16499 万千瓦，同比增长约 2.5%；南通道为 6052 万千瓦，与 2022 年基本持平。2023 年，我国投产 1000 千伏特高压交流输电通道 2 条，投产各类直流项目 0 个、500 千伏送出通道 3 条。全国在建重点输电工程 9 项，其中 1000 千伏特高压交流输电工程 4 项，±800 千伏特高压直流输电工程 5 项。

（三）能源民生基础设施实现普惠化

2016 年，国务院办公厅转发国家发展改革委《关于“十三五”期间实施新一轮农村电网改造升级工程的意见》，明确提出加快新型小城镇、中心村电网和农业生产供电设施改造升级，稳步推进农村电网投资多元化，开展西藏、新疆以及四川、云南、甘肃、青海四省藏区农村电网建设攻坚，加快西部及贫困地区农村电网改造升级，推进中东部地区城乡供电服务均等化进程。2016—2019 年，国家电网和南方电网累计投资 1964 亿元开展新一轮农村电网改造。

一是农村地区用电可靠率稳步提升。国家电网供电区域农网供电可靠率达 99.82%，综合电压合格率达 99.80%，户均配变容量达 2.45 千伏安。南方电网供电区域农村缺电、限电等“卡脖子”问题得到有效解决，农村生产生活条件明显改善，农村电网供电可靠率达 99.82%，综合电压合格率达 99.56%，户均配变容量从 2015 年的 1.56 千伏安提升至 2.35 千伏安。

二是农村地区电气化水平呈上升趋势。近年来，我国持续推进“千家万户沐光行动”和“千乡万村驭风行动”，分布式光伏、风电等新能源深入乡村，农村能源清洁低碳转型加快推进，催生一系列“新能源+农业”项目。《中国电气化年度发展报告 2022》显示，农业农村电气化水平快速提升，农业农村电气化率达 35.2%，较 2021 年提高 2.4 个百分点。

（四）能源储备基础设施能力持续提升

一是煤炭库存高位运行。2023 年，在国内煤炭产量创新高和进口煤炭规模激增的双重影响下，我国主要港口煤炭库存水平较 2022 年显著提升。根据中国煤炭市场网数据，全面平均同比提升 21 个百分点。电厂电煤库存方面，1—4 月，全国统调电厂存煤量保持在 1.6 亿吨左右，平均可用天数为 21 天；5—12 月，电厂存煤量持续走高，基本维持在 2 亿吨左右，平均可用天数升至 25 天，为电力系统稳定运行提供坚实保障。

二是 LNG 接收站建设稳步推进。2023 年，新建 4 座 LNG 接收站，分别为新天曹妃甸 LNG 接收站（500 万吨/年）、浙江能源温州 LNG 接收站（300 万吨/年）、广州 LNG 应急调峰气源站（100 万吨/年）、北京燃气集团天津 LNG 接收站（500 万吨/年）；扩建 2 座 LNG 接收站，分别为天津南港 LNG 接收站、江苏启东 LNG 接收站，合计新增 LNG 接收能力 1880 万吨/年。截至 2023 年底，全国已投运 LNG 接收站 28 座，总接卸能力达 1.16 亿吨/年[31]。我国各企业 LNG 接收站规模见图 3-1。

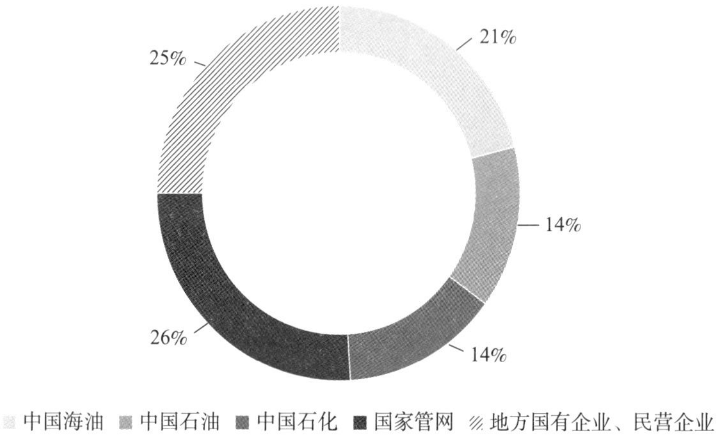

图 3-1　我国各企业 LNG 接收站规模

资料来源：笔者根据《中国海洋能源发展报告 2023》绘制。

三是储气库能力持续加强。2023 年，我国储气库建设规划稳步推进，多个在运储气库不断扩容，储气规模持续提升，市场调节和风险应对能力稳步提高。其中，华北地区最大地下储气库群中原储气库群新增的第六座——文 24 储气库投运后，储气库群库容气量增加 5.51 亿立方米，达到 127.62 亿立方米，工作气量增加 2.56 亿立方米，达到 54.12 亿立方米。中东部地区库容最大、调峰能力最强的文 23 储气库二期工程 1 号丛式井场投产后，形成库容 3.6 亿立方米，增加有效工作气量 1.4 亿立方米；二期工程全部投产后，文 23 储气库总库容将达到 103 亿立方米，工作气量将达到 40 亿立方米。截至 2023 年 9 月，我国共建成地下储气库 22 座，储气库工作气量约 220 亿立方米，占我国天然气消费总量的 5.6%。

（五）新型能源基础设施蓬勃发展

一是已建成世界上数量最多、辐射面积最大、服务车辆最全的充电基础设施体系。截至 2023 年底，我国充电基础设施累计达 859.6 万台，换电站有 3567 座；全国共有 6328 个服务区配建了充电设施，占服务区总数的 95%，北京、上海、河北、安徽等 15 个省（市）高速公路服务区已全部具备充电能力。广东、广西、海南、江苏、湖北等 12 个省（区）已实现充电站的“县县全覆盖”、充电桩的“乡乡全覆盖”。2016—2023 年我国充电基础设施发展情况见图 3-2。

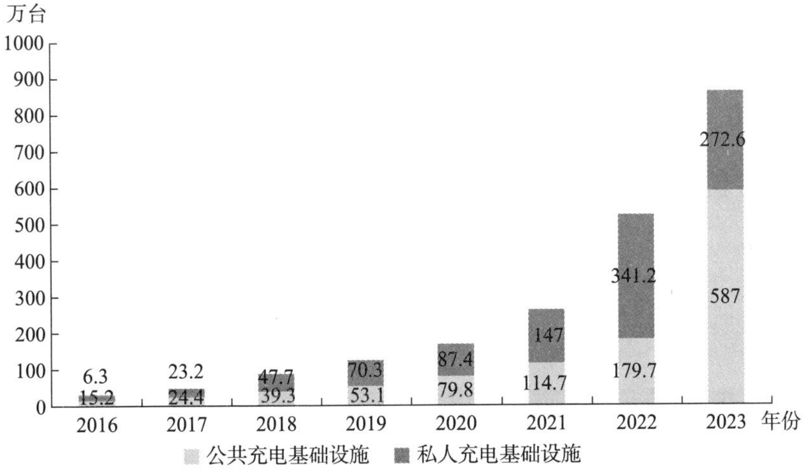

图 3-2　2016—2023 年我国充电基础设施发展情况

资料来源：笔者根据中国电动汽车充电基础设施促进联盟相关数据绘制。

二是能源与水利基础设施融合路径逐步由关键枢纽向水网全域拓展。水利水电关键枢纽是集防洪、航运、发电、水资源配置、灌溉等功能于一体的综合性工程。截至 2023 年底，我国注册、备案登记的大坝共有 678 座，水库库容达 5113.79 亿立方米，均具备水利水电综合功能，水电装机规模达到 3.2 亿千瓦，约占水电总规模的 86.7%。与传统综合性水利水电工程相比，抽水蓄能具有调峰、填谷、调频、调相、储能、事故备用和黑启动等多种功能，是水利发展的新趋势。“十四五”以来，我国抽水蓄能电站加快建设，截至 2023 年底，装机规模达到 5094 万千瓦。2023 年，中共中央、国务院印发的《国家水网建设规划纲要》提出，推进水网与电力行业融合发展。南水北调工程东、中、西三条输水线路及沿线区域分布式光伏项目逐步推进，截至 2023 年底，南水北调中线北京段房桥、惠南庄泵站、卫辉和辉县管理处项目与东线邳州泵站分布式光伏项目等新能源光伏试点项目实现并网；西线宁夏银川水厂光伏发电项目一期工程并网发电；东线天津张贵庄污水处理厂水光互补光伏发电项目（一期）顺利实现全容量并网发电。

三是新技术推动能源与多领域融合发展。车网互动：近年来，我国新能源汽车快速发展，充分发挥了新能源汽车在电化学储能体系中的作用，不仅可以解决无序充电引发的电网冲击问题，对提高电网调峰调频、安全应急等响应能力也具有重要意义。车网互动仍处于局部小规模试点阶段。光储直柔：光储直柔系统将建筑与光伏、储能、充电基础设施等新型直流负载组合成一个直流微网，兼具发电、储能、调节、用电等功能，可实现负荷可调可控，以保障电网的稳定性。据不完全统计，我国已竣工或已运行光储直柔工程 69 个，并逐步从新建建筑扩展到既有建筑，从城市办公建筑推广至商业、校园、产业园区及农村住宅建筑，从中小型单体建筑向校园、产业园区规模化应用发展。水热同送：我国沿海地区核电、火电、钢铁厂余热丰富，采用“水热同产”技术，利用电厂余热产生热淡水，通过“水热同输”管线输送至城市，经过“水热分离”，热量进入城市热网，淡水进入城市水网。我国首个“水热同产同送”科技示范工程已在山东海阳投产运营超过 3 年，示范供热面积达 1 万平方米，每日可提供饮用水 180 吨。

二、我国能源基础设施发展问题与挑战

党的十八大以来，我国能源基础设施整体水平实现跨越式发展。同时，必须认识到，我国能源基础设施与国家发展和安全保障需要还不相适应，全面加强能源基础设施建设，对保障国家安全，畅通国内大循环、促进国内国际双循环，扩大内需，推动高质量发展，具有重大意义。

（一）能源基础设施保障安全挑战增大

一方面，能源需求持续增长。2021 年，我国人均能耗为 3.45 吨标准煤，仅为 OECD 国家平均水平的 63%、美国的 38%。人均用电量为 5157 千瓦时/年，是美国的 46%；人均生活用电量为 732 千瓦时，仅为美国的 15%。随着经济社会的发展和人民生活水平的提高，能源需求规模将持续扩大，特别是对电力等优质能源的需求将大幅增长。另一方面，煤炭、煤电等退出预期加强，新能源基础设施形成有效支撑不够。“双碳”目标提出后，地方和企业推动煤炭、煤电产能退出，传统能源基础设施兜底保障作用有所削弱，同时，煤炭运力不足的问题依然突出，蒙西鄂尔多斯煤炭产区铁路运力缺口约为 1 亿吨。风电、光伏发电等新能源基础设施体现波动性、间歇性、随机性特征，容量可信度较低，短期内难以形成对传统能源基础设施的有效替代。

（二）促进绿色转型能源基础设施面临多种制约

与煤电等传统能源基础设施相比，风电、光伏发电等新能源基础设施能量密度低，占地面积较大。随着新能源基础设施规模快速扩大，土地资源成为影响发展的重要因素。要实现电力清洁绿色转型目标，新能源发电装机需要继续以数倍于用电负荷增长的速度新增并网，这对传统电力系统的规划和运行提出了巨大的挑战。整体来看，全国直流特高压可再生能源电力占比达到 58.7%，但主要贡献来自南方 8 条直流和青豫直流，可再生能源电力占比接近 100%；此外，9 条主要输送风光火打捆电力的直流输送可再生能源电量仅有 820.7 亿千瓦时。

（三）能源基础设施区域城乡不平衡问题突出

一方面，区域不平衡问题突出。西部能源基础设施网络“留白”仍然较多，电网结构薄弱，供电设施可靠性平均水平明显低于其他区域，全口径户均停电时长超过 20 小时。另一方面，城乡基本公共服务不平衡。与城市相比，乡村电力基础设施较为落后，10 千伏线路仍以架空线路为主，电缆线路仅为城市的一半；同时，农村地区户均配变容量较低，制约“煤改电”、电动汽车等发展。

（四）能源储备基础设施发展面临多重挑战

一方面，天然气储备基础设施需进一步提升。截至 2020 年，全国储气能力达到 234 亿立方米，占天然气消费总量的 7.2%，与国际社会 10%～15%的标准还有较大差距。另一方面，由于民生用气受天然气门站价格约束，在天然气价格上涨的背景下，天然气季节差价尚不能完全覆盖储气库运营成本（叠加注采管输等，2021 年综合运营成本为 0.6～1 元/立方米），民生用气保供成本倒挂，制约了各方建设和运营储气设施的积极性，直接导致城镇燃气企业年用气量 5%的储气责任落实进展缓慢。

（五）新型能源基础设施尚处于发展初级阶段

与传统能源基础设施经过百年演化发展而逐渐成熟不同，新能源基础设施以新型领域为主体，以科技创新为动力，其主导技术、产品形态、市场需求、配套产业、商业模式等都处于培育阶段，尚未稳定成形。以氢能基础设施为例，我国氢能产业仍处于初期培育阶段，龙头企业少、基础设施建设不足、产业核心技术有待突破、产业关键装备制造基础薄弱。以充电基础设施为例，到 2030 年，我国充电基础设施建设需求超过 5000 万台，建设任务十分繁重，同时存在空间布局不平衡、快慢结构不科学等问题，制约其高质量发展。

第四章

适度超前开展能源基础设施建设的思路

一、推动发展路径向优化升级转变

长期以来，我国能源基础设施建设已习惯“大水漫灌”、低水平扩张投资建设，以“做加法”、做增量满足能源刚性增长需求。面向中长期，我国一次能源需求总量将于2035年前后进入峰值平台期，到2060年将降至2020年水平；然而2030年非化石能源占能源消费总量的比重提高到25%左右，到2035年非化石能源已能够对化石能源形成存量替代，之后替代将进一步加速。能源结构加速调整要求能源基础设施需要超前，摒弃过去单纯强调“规模扩张”的粗放式发展路径，逐步向优化布局、结构、功能和系统集成转变，着力提升能源基础设施整体发展质量、系统效率和效益水平。

二、统筹短期目标和长期战略衔接

当前和今后一个时期，我国能源供求关系虽有所缓和，但区域性时段性供需矛盾加剧、资源承载地区与能源消耗区域失衡、突发性供应中断风险不减等能源安全短板依旧突出。能源基础设施对经济社会发展具有长远的影响，既需要解决好当前能源发展遇到的“瓶颈”问题，又要着眼于中长期能源发展趋向，把握好短期“补短板”和长期“促转型”的衔接关系。要立足当前，从化解当前突出矛盾入手适度超前建设能源基础设施；同时，要着眼长远战略，为未来升级改造留下空间，打造更为包容、更富韧性的现代化能源基础设施体系。

三、准确把握各领域适度与超前关系

面向中长期，以清洁能源为供给主体，以新型电力系统为重要依托，以保障能源安全和经济社会发展需求为基本前提，以绿色低碳转型为根本方向的新型能源体系基本框架逐渐明晰，各类型能源基础设施定位基本明确，设施间替代、互补、协调、制约关系逐步显现。网络型能源基础设施是供需两端能源基础设施发展的先行基础，是实现供需联动匹配的关键环节，具有较强的制约特征，需要超前规划布局。新能源基础设施对传统能源基础设施具有替代作用，应坚持先立后破的发展思路，超前建设新能源基础设施，同时强化传统能源兜牢能源安全的作用，适度超前优化产能结构，提升智能化、数字化水平。互补、协调更加强调能源基础设施间的相互配合，需要坚持系统观念，适度开展改造建设，防止一方过度发展导致资源浪费。

四、强化新技术、新模式、新业态融合发展

伴随全球新一轮科技革命和产业变革蓬勃发展，新一代信息技术支撑驱动下的跨界融合和资源共享已成为培育经济发展新动能的重要抓手。新时期推动能源基础设施高质量发展，应把握产业变革趋势和融合共享的时代特征，打破既有产业边界，依托前沿科技与现代技术手段，促进能源基础设施与关联产业融合发展。创新要素投入方式，统筹能源基础设施与交通、信息基础设施建设，推进资源共享、设施共建、空间共用。发挥新一代信息技术牵引作用，推动新能源基础设施与传统能源基础设施跨界融合发展。加强大数据、云计算、人工智能等先进科学技术的广泛应用。

第五章

适度超前开展能源基础设施建设的重点任务

一、以电网为重点加强网络型能源基础设施建设

能源资源与负荷需求逆向分布的基本国情是我国推进全国资源优化配置的客观需求，从国内外发展经验来看，加快网络型能源基础设施建设是提升能源资源配置能力的有效措施。面向未来，电力需求大幅提高，跨省跨区输电需求不断增长，考虑电网核准和建设的周期长、协调难度大等问题，应超前规划布局；石油、天然气梯次达峰并逐步减少，油气管网基础设施应强调适度，进一步优化整合、提质增效。

（一）电力需求大幅提高，石油、天然气梯次达峰并逐步减少

1. 中远期全社会用电量将支撑经济总量翻番

电力需求总量持续增长，增速逐步放缓，2060 年全社会用电量有望在当前水平的基础上翻一番，支撑经济总量翻两番。我国已转向高质量发展阶段，经济长期向好，市场空间广阔，发展韧性强劲，预计 2060 年 GDP 将在当前水平的基础上翻两番，经济发展将带动电力需求持续增长。同时，从实现温室气体和污染物减排、提升终端能源利用效率等角度来看，电力将在能源转型中发挥更加重要的作用，以绿色、高效为特征的新一轮电气化趋势已经显现。在电力低碳情景和深度脱碳情景下，2025 年、2030 年、2035 年、2050 年、2060 年全国全社会用电量将从 2020 年的 7.5 万亿千瓦时分别增至 9.7 万亿~9.8 万亿千瓦时、11.5 万亿~11.8 万亿千瓦时、12.7 万亿~13.1 万亿千瓦时、14.5 万亿~15.1 万亿千瓦时、

15.0万亿~15.7万亿千瓦时[32]。

2. 近中期最大用电负荷增速势头强劲

随着产业结构深入调整，降温及采暖负荷占比逐渐提升，算力和新能源汽车等新型用电负荷迅猛增长，近中期最大用电负荷增速高于用电量增速。从用电负荷增长情况来看，随着工业在用电结构中占比下降，商业和居民用电占比提高，用电负荷峰谷差呈增大趋势，尤其是空调、电采暖等设施日益普及，算力和新能源汽车等新型用电负荷快速增长，显著推高了最大用电负荷水平，2030年全国最大用电负荷将超过18亿千瓦。预计在2040年前最大用电负荷增速将高于用电量增速，叠加电源结构调整等原因，相较于电量平衡，电力平衡将成为电力系统规划运行的关键制约因素。从远期来看，全国最大用电负荷增速逐步下降，预计2060年将达24亿千瓦左右。

3. 石油需求有望提前达峰

在碳达峰目标下，石油需求峰值提前实现。石油需求量在2025年前后达峰，峰值约为10亿吨标准煤（折合约7亿吨标准油）。随着现代交通体系逐步建立、燃油车能效提升和替代能源发展加快，石油需求“十五五”进入峰值平台期。远期石油仍将在民航、水运领域发挥难以替代的作用，在化工领域将由燃料逐步转向原料，2050年和2060年石油消费量分别达到3亿~4亿吨标准煤（折合2亿~3亿吨标准油）和2亿吨标准煤左右（折合1亿~2亿吨标准油）。2020年，石油占一次能源需求的比重约为19%，这一比重未来将缓慢下降，2030年、2050年和2060年分别降至15%左右、6%~7%和3%~5%。

4. 天然气需求量在2035年前后达峰

天然气作为最清洁的化石能源，近中期仍在建筑、化工、有色金属和建材等领域扮演重要角色，远期天然气的化工原料属性日益凸显，同时气电作为灵活性电源为可再生能源发展提供支撑，天然气需求量稳步上升。天然气需求量在 2035 年前后达峰，峰值为 6 亿～7 亿吨标准煤（折合 4400 亿～5500 亿立方米）。2045 年后，天然气需求缓慢下滑，2050 年和 2060 年消费量分别降至 5 亿～6 亿吨标准煤（折合 3300 亿～4500 亿立方米）和 2 亿～3 亿吨标准煤（折合 1400 亿～2500 亿立方米）。天然气占一次能源需求的比重长期稳定在 9%～12%，2060 年将降至 4%～6%。

（二）电网建设要超前谋划，油气管网要进一步优化提质

1. 在安全保供要求下，全国互联电网跨省区输送交换需求不断增长

我国能源资源与需求逆向分布的基本国情，以及新能源出力的随机性、强时空相关性，都决定了交直流互联大电网仍需扩大规模才能满足远距离大规模输电、新能源跨省区消纳平衡的需求。当前，我国跨区输电容量约为 1.7 亿千瓦，基于用电需求增长趋势和实现“双碳”目标要求，2030 年我国跨区输电通道容量需达到约 2.7 亿千瓦，2060 年达到约 6 亿千瓦。从增长趋势来看，2020—2060 年，跨区输电通道容量呈现持续增长态势，提升电力安全保供能力、建设坚强互联的大电网十分必要。

2. 在电力行业绿色低碳转型趋势下，资源富集区外送电力规模仍需提升

电力行业是我国碳排放大户，约占全行业排放总量的 40%。电力行业提前碳达峰碳中和能够缓解我国 2030 年前实现碳达峰、2060 年前实现碳中和的压力。作为清洁能源资源富集区，西北地区和西南地区是我国清洁电力系统的主要送端，在能源电力深度脱碳情境下，2030 年外送通道容量分别达到 1.3 亿千瓦和 0.5 亿千瓦，2060 年分别达到 2.2 亿千瓦和 0.9 亿千瓦。

3. 天然气干线管网需完善、加强，支线管道要补齐短板

在加大上游勘探开发力度、保障国家能源安全的政策推动下，我国天

然气资源产量稳步提高，但天然气干线管道建设相对滞后，西北资源外输、川渝资源外输、沿海 LNG 资源疏散等“瓶颈”依然存在，在建及规划的中俄东线、西三线中段、西四线、川气东送二线、西五线、中俄远东管道、中俄蒙管道等骨干管道还需加快建设，全国天然气干线管网的总体布局还需完善，管网的稳定性还需加强。按照“十四五”规划相关研究，当前我国已建成约 11 万千米的天然气管道，直辖市及省会城市的管道双气源双通道覆盖率为 87%，地级市的覆盖率为 85%，县级行政单位的覆盖率为 63%。其中，广东、浙江、江苏、山东、河北、安徽、河南等经济较为发达的省份天然气管网尚未覆盖全部县市，中西部地区支线管网覆盖服务水平更低。

4. 原油和成品油管网进入优化提质阶段

我国原油消费将大概率在“十四五”中后期见顶达峰，但受炼化产业重心东移和内陆炼化企业整合优化等影响，我国原油管网的管输需求增速在“十三五”末期已经显著下降，预计在“十四五”时期保持稳定或略有增长。但受经济增速放缓、产业结构调整、替代加剧影响，成品油需求将低速增长，进入消费峰值平台期。与此同时，在油气体制改革推动下，成品油“全国一张网”基本形成，管输市场开放性和管网运行效率将显著提升，未来我国成品油管网基础设施发展将突出管网系统的整合优化。

（三）适度超前开展网络型能源基础设施建设的重点任务

1. 软硬协同加快存量输电通道改造升级，提高输电能力

随着社会经济持续快速增长，用电负荷增长迅速，而输电线路廊道资源日益稀缺，土地成本不断增加，以往通过新建线路廊道解决“卡脖子”的思路已无法适应新的发展理念。

一方面，加快存量输电线路数字化、智能化升级改造，挖掘输电线路

潜在输送能力。加快输电线路经数字化、智能化升级改造，对线路的运行状况和外界环境进行实时监测和分析，测算并动态调整满足热稳定限额的最大输送容量，充分挖掘现有线路负载能力的潜能。研究发现，输电线路经动态增容改造后输送能力可提高10%~30%。强化输电线路柔性调度建设，把握区域间“峰谷互济”的特征，实现送受两端用电高峰和低谷时段调整功率方向，促进电力灵活互补。以德宝直流为例，四川电网用电低谷时段向西北电网输送富余水电，用电高峰时段德宝直流“反转”，西北电网向西南电网送电，提供110万千瓦电力支援川西北地区。

另一方面，提升既有输电通道利用水平，着力提高清洁能源输送占比。提升受端交流网架的汇集与疏散能力，优化送端新能源和其他电源的匹配比例，完善网架结构、打破省间壁垒，进一步提升蒙西—天津南交流、青海—河南直流、上海庙—山东直流、锡盟—泰州直流、扎鲁特—青州直流跨区输电通道利用水平（见表5-1）。同时，在确保安全的前提下，最大化利用清洁能源，稳步提升输电通道输送可再生能源电量比重。

表5-1 我国部分输电线路利用率情况

跨省区输电通道	设计送电能力（千瓦）	目前送电能力（千瓦）	利用率（%）
蒙西—天津南交流	1090	300	28
青海—河南直流	800	400	50
上海庙—山东直流	1000	600	60
锡盟—泰州直流	1000	600	60
扎鲁特—青州直流	1000	720	72

资料来源：笔者根据公开材料整理。

此外，提高自然功率或稳定极限增强输电线路输电能力。在保障电力安全的前提下，以南方电网经营区为重点，优先开展存量常规直流柔性化改造；根据供需两端需求，逐步开展输电通道升压改造；因地制宜开展低电压等级输电线路交流改造为直流输电工程。

专栏 5-1　动态提升输电能力

动态增容：近年来，浙江全社会用电负荷持续攀升，新能源与外来电占比不断增大，电力系统稳定支撑和调节能力下降，浙江省变电站址和线路廊道资源紧张，电量增速和电价“双降”，仅依靠增量支撑电网发展的模式已经难以为继，要求电网发展模式由技术导向路线向经济导向路线转变。国网浙江电力在天咸和天祥输电线路上安装智慧导线精灵、微气象、视频监控等前端感知设备，实时采集导线温度、弧垂，环境风速、风向等数据，经过数据分析处理、接收、存储，根据导线发热和散热的热平衡等计算线路断面限额，动态准确评估线路载流能力，在线计算电网供电水平，“唤醒”闲置的输电运行资源，使设备利用更充分，全面提升电网运行效率。运行数据显示，两条线路短时最大载流能力动态提升到 1565 安培，输送能力提升 20%。

柔性调度：±500 千伏德宝直流连接四川德阳换流站到陕西宝鸡换流站，输电容量为 300 万千瓦，是连接西北、四川电网的重要通道，承担每年 5—11 月四川送西北、11 月至次年 5 月西北送四川的电力输送任务，以此实现两地资源“丰枯互济”。2022 年夏季，西南电网川西地区用电负荷持续攀升，高峰时段供电极为紧张。为弥补供电缺口，国网西南分部率先提出德宝直流柔性调度，协同国网西北分部、国网四川电力等单位，于 7 月 14 日 10 时整，首次成功实施德宝直流白天西北送四川、夜间四川送西北单日 2 次反转送电。7—8 月，国网西南分部累计 16 天实施德宝直流日内柔性调度，每日反向 2 次，最大支援四川电力 110 万千瓦。

专栏 5-2　静态提升输电能力

输电通道升压改造：舟山500千伏联网输变电工程第一通道晓昌、晓洲线完成从220千伏向500千伏的升压作业，进一步优化了浙江电网的网架结构，提高了宁波与舟山地区电网抵御自然灾害的能力，提升了舟山电网安全稳定水平，为舟山经济社会发展提供更强大的电力支撑。

交流改直流：江苏扬州—镇江±200千伏直流输电工程是国内首个由交流输电改造为直流输电的工程，工程投运后，提升跨江输电能力1倍以上，对国内用电需求大、电网饱和度高、新建空间有限的区域电网结构优化具有重要借鉴意义。

2. 以沙漠、戈壁、荒漠地区大型风电光伏基地为重点，推进配套输电通道建设

自2022年以来，我国加快推进沙漠、戈壁、荒漠地区大型风光基地建设，“十四五”时期规划建设风电光伏总装机规模约2亿千瓦，其中外送1.5亿千瓦；“十五五”时期规划建设风电光伏总装机规模约2.55亿千瓦，其中外送1.65亿千瓦。库布齐、乌兰布和、腾格里、巴丹吉林沙漠等地向中东部负荷中心送电所经的山西、陕西、河南等省，外送和省内输电通道密集，已建、在建和规划交直流输电通道超过20个；湖北、安徽、江苏等省过江通道紧张，生态保护红线分布广、交叉多，避让难度大，需要提前谋划推进输电通道建设。

3. 适度超前开展柔性特高压直流试点示范，以海上风电基地为重点，推广柔性特高压直流建设

海上风电送出方式主要为高压交流输电，即将海上风机接入海上升压站，升压至220千伏或更高电压等级后送至陆上电网。直流输电不存在集肤效应和充电功率，输电线路利用率更高，通常来说，当输电距离大于80千米后，直流输电经济性就会超过交流输电。此外，由于常规直流需要

较强的交流电网支撑，但海上风场是由风机构成的弱交流系统，无法满足常规直流的送电需求，因此海上风电基地成为大力推广柔性直流的应用场景。以长三角、珠三角等直流落点密集区域为重点，优先开展柔性特高压直流建设。经过数十年的建设，我国已经建成了30余项以远距离输电为主要功能的直流输电工程，其中落点在长三角的工程均超过10项，密集的落点导致两地直流输电换相失败风险升高，电网事故隐患增加。柔性直流可独立支撑电压，无换相失败风险。南方电网“十四五”电网发展规划明确提出，中长期新建直流受端以柔性直流为主，逐步构建“合理分区、柔性互联、安全可控、开放互济”主网架形态的发展目标。区域电网交接优先采用背靠背柔性直流路线进行互联。柔性直流互联增加可增强区域电网间互济能力，提高供电可靠性和效率。我国广东、江苏等地500千伏电网庞大，结构复杂，短路电流超标问题突出，加入背靠背柔性直流将区域电网“解开”，可有效提高区域电网间的功率互济能力。

4. 促进成品油管网整合优化，加快天然气长输管道及区域天然气管网建设

重点建设炼化企业接入全国成品油管网的注入支线、重点消费市场的分输支线、成品油管网系统的互联互通支线和成品油管网配套的中转油库及销售油库。加快建设中俄东线管道南段、川气东送二线、西气东输三线中段、西气东输四线，加强浙沪、浙苏、苏皖等天然气管道连通。加快完善区域及省内管道，强化供需衔接。支持实施天然气长输老旧管道更新改造，保障产业链平稳运行。

二、以煤炭、煤电相关设施为重点增强能源兜底保障能力

当前和今后一个时期是我国各类矛盾和风险的易发期，各种可以预见和难以预见的风险因素明显增多，必须坚持统筹发展和安全，有效防范化解各类风险挑战。立足以煤为主的基本国情，坚持先立后破，煤炭和煤电在保障能源安全中兜牢底线定位作用更为凸显。预计到2025年，我国煤炭消费

量约为30.9亿吨标准煤，商品煤约为45亿吨（折合原煤约47.5亿吨）；在2028年前后达峰，峰值约为31.2亿吨标准煤，商品煤为45亿~46亿吨。煤炭相关设施建设更应强化适度超前建设，优化产能布局；面向中长期，煤电逐步向基础保障性和系统调节性电源转型，需要在研判电力电量和调节资源缺口的基础上，适度超前开展建设。

（一）煤炭兜牢能源安全定位更为凸显

1. 统筹能源发展与安全，要求煤炭持续发展兜底保障作用

长期以来，煤炭在我国能源系统中发挥着主体能源作用。在“双碳”目标约束下，煤炭消费减量替代趋势明显。当前和今后一个时期，能源安全保供形势日趋复杂、严峻，煤炭安全兜底保供作用进一步显现，先立后破成为保障能源安全的战略选择。根据国家能源集团技术经济研究院联合中国科学院、清华大学开发的中国能源系统预测优化模型（CESFOM），我国煤炭消费将在2028年达到45亿吨左右的峰值，此后经历10年左右峰值平台期后进入较为明显的下降通道[33]。

2. 煤电逐步向基础保障性和系统调节性电源转型

面向中长期，电量平衡、电力平衡将呈现更为明显的分化态势，“电量充裕、电力紧张”的矛盾将进一步凸显，区域性时段性电力紧张将成为长期现象。从电量平衡来看，要推动非化石能源发电跨越式发展与提升煤电利用效率并举。从电力平衡来看，要协同推进电源结构和产业结构调整。从电源结构调整来看，新增装机以风电、太阳能发电为主，对电力平衡的贡献非常有限，因而在加快构建适应新能源占比逐渐提高的新型电力系统过程中，仍需适度发展一定规模的煤电机组以保障电力供应安全和运行安全。

（二）煤炭产供储建设协同推进保障能源安全，煤电以支撑可再生能源发展超前谋划

1. 资源枯竭使煤矿范围持续扩大要求新建优质煤炭产能

根据国家能源集团测算，考虑衰老煤矿报废、落后产能淘汰、薄厚煤

层配采和薄煤层开采、资源压覆、地质条件变差等因素，截至2022年生产和在建煤矿产量在2030年前可维持在37亿吨以上；2030年后，资源枯竭使煤矿范围扩大，现有煤矿产量进入持续快速下降通道，2035年、2050年将分别降至32亿吨、19亿吨；2060年将降至14.9亿吨，较2020年下降62%。

分区域看，中东部地区现有煤矿产量衰减速度逐渐加快，煤炭生产西移步伐加快。2035年、2060年，东部地区现有煤矿产量相比2020年将分别下降60%、90%，中部地区将分别下降36%、80%，西部地区则将分别增长0.3%、下降47%。西部地区现有煤矿产量占比将由2020年的59%分别上升至2025年的65%、2030年的69%、2035年的70%、2050年的77%和2060年的80%。

按照供需平衡要求，现有煤矿产量还不足以满足我国碳达峰前后的煤炭需求，存在8亿~10亿吨的煤炭缺口，"十四五"至"十六五"时期还需新建一批优质煤炭产能，以保障未来一个时期煤炭供应安全。

中长期各地区煤矿产能情况如图5-1所示。

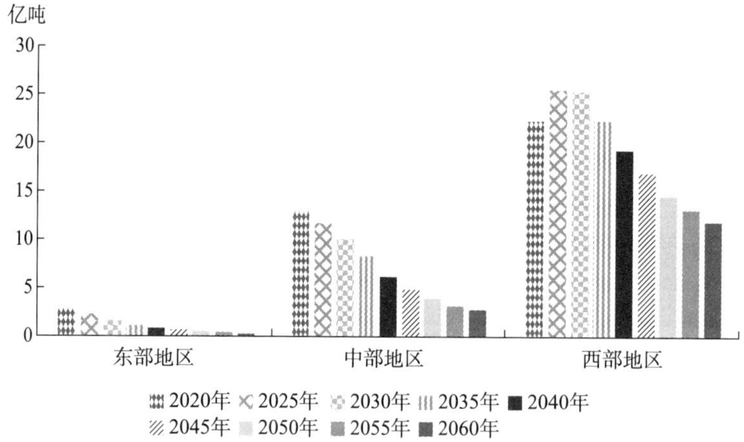

图5-1　中长期各地区煤矿产能情况

资料来源：《"双碳"目标下我国煤炭资源开发布局研究》。

2. 能源供需逆向分布格局不断扩大要求跨区域运煤需求持续增强

预计2020—2035年，东部地区煤炭产量占比将由7%降至3%，中部地区煤炭产量占比将由34%降至24%，西部地区煤炭产量占比将由59%上升到73%，煤炭开发将进一步向西部地区集中。2035年以后，我国煤炭生产布局西移步伐将显著加快，同期煤炭消费进一步西移，煤炭运力区域宽裕，“新疆煤炭送西北西南、晋蒙煤炭主送华北及沿海、山西煤炭主送‘两湖一江’、蒙东煤炭主送东北三省”的煤炭跨区调运格局将进一步深化和优化。

以晋、陕、蒙地区为例，预计到2025年、2030年，晋、陕、蒙地区煤炭调出量将分别达到20.06亿吨、20.25亿吨。“北煤南运”通道主要承担晋、陕、蒙地区至中南、西南地区煤炭铁路直达运量，随着浩吉铁路集疏运系统不断完善，运量增长较快，预计到2025年、2030年，晋、陕、蒙地区“北煤南运”通道煤炭货运量分别为2.9亿吨、3.2亿吨，其中2030年煤炭铁路调入中南地区的比例提升至17.8%。“西煤东运”通道以唐包铁路、瓦日铁路、石太铁路、朔黄铁路等煤运干线为主，预计到2025年、2030年，晋、陕、蒙地区“西煤东运”通道煤炭货运量分别为13.8亿吨、14.5亿吨[34]。

3. 增强安全韧性要求加强储备设施建设

近年来，我国经济高质量发展扎实推进，能源消费保持较快增长，叠加极端天气等不确定因素影响，局部地区个别时段存在煤炭供应偏紧的情况。建成一定规模的煤炭储备产能，可在国际能源市场剧烈波动、恶劣天气多发、供需形势急剧变化等极端情形下“向上弹性生产”，快速释放储备产能，有效提升煤炭应急保障能力，更好地发挥煤炭在能源供应中的兜底保障作用。同时，煤炭产能储备可有效提升煤炭供应灵活性，保障煤电更好发挥支撑调节作用，推动新能源高质量发展，促进能源绿色低碳转型。我国煤炭保障库存主体仍为煤矿企业、火力发电厂和沿海港口，煤炭应急储备保障风险较大。据统计，我国煤炭库存存量仅处于消费需求总量5%的低位水平，煤炭储备调节供需、平抑市场的能力仍需不断加强。

4. 电力系统安全稳定运行要求建设清洁高效先进节能的煤电机组

近中期，煤电的基础支撑和兜底保障作用不可替代，需要结合电力供需形势变化，规划建设一批保障供电的煤电项目。预计到2030年，全国煤电装机规模将超过15亿千瓦。2030年后，煤电装机规模和发电量稳步下降，将逐渐发展为CCUS电力电量型机组、灵活调节机组和应急备用机组三类具有不同功能定位的机组。预计到2060年，煤电装机规模降至8亿千瓦左右，其中应急备用煤电、灵活调节煤电、近零脱碳煤电分别为2.1亿千瓦、3.4亿千瓦和2.5亿千瓦[32]。煤电参与电力电量平衡示意图见图5-2。

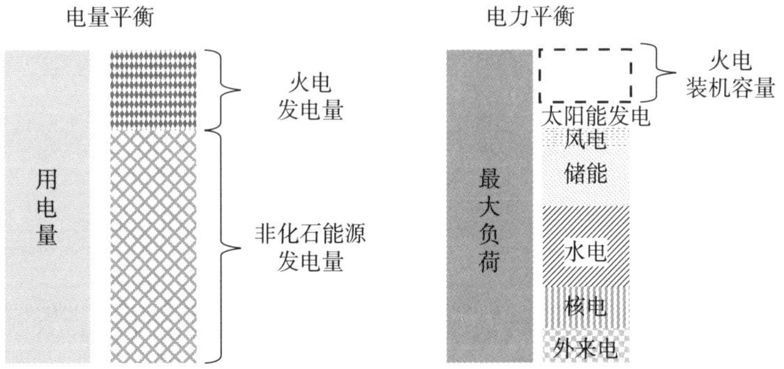

图5-2 煤电参与电力电量平衡示意图

资料来源：笔者绘制。

（三）适度超前开展能源安全保障基础设施建设的重点任务

1. 加快煤炭优质产能建设

由于我国现有规划煤矿大部分集中在晋、陕、蒙、新等西部地区，且西南、东北等其他区域规划煤矿建设条件欠佳，“十四五”至“十六五”时期需新建的煤炭产能大部分应布局于晋、陕、蒙、新地区，进一步优化资源配置，促进富煤西部地区煤炭资源开发，扩大优质增量供给。此外，由于区域保供压力较大，黑龙江省的一些整合矿也可能在未来一个时期释放产能，西南地区的云南省和贵州省在中短期也有提升煤炭产能、保障区域及自身能源电力安全的需求。同时，由于煤炭消费峰值平台期后需求下降较快，前期若新建较大规模产能，煤炭产能过剩问题又将在碳达峰阶段后逐步凸显，因此中短期应通过产能核增替代一部分新建煤矿的方式来缓解后期产能过剩压力。

2. 强化煤炭储备建设

从产能储备来看，针对不同煤矿煤层的赋存条件、灾害因素、建设基础等，实施“一矿一策”智能化改造升级，推动供给、需求、运输各种信息深度融合，提高短时间内煤炭产量快速柔性调节能力。把露天矿作为柔性产能建设的重点，在陕、蒙、新地区开展试点，增加露天煤矿10%～20%的产能作为应急储备产能，在应急状态下阶段性释放产能，增加产量。

从产品储备来看，一是要充分依托煤炭海铁联运、铁路直达网络，发挥好既有港口和煤运通道集疏运体系的关键作用；二是要进一步利用好坑口、路口及沿海沿江电厂的储煤设施，发挥好区域辐射和应急响应作用；三是要优先建设一批产销共建共享、上下游耦合的市场化区域性煤炭储备基地；四是要创新煤炭储备模式，鼓励产销共建共享，推动煤炭生产企业、储备企业、煤炭用户等以资产为纽带通过互相参股等方式，共建煤炭储备基地；五是要健全储备煤炭市场化动用机制，发挥煤炭储配的交易、金融和投资属性；六是要加强煤炭储备项目环保、用地政策保障，确保煤炭储备基地煤源享受中长协煤炭用户政策，并对煤炭储备项目给予财政、税收、金融等综合支持。

专栏5-3 煤炭储备模式创新

近年来，部分省份在激发企业配合建设、运营储备基地的主动性，确保储备基地运行机制更加灵活，推动政府、煤炭供需企业，以及港口、铁路等运输企业形成合力，提升煤炭储备投资的有效性方面进行了积极探索。

供需衔接，区域联动。2023年2月，新疆广汇集团与宁夏宁东基地管委会签订宁东煤炭储运基地项目投资合作协议。项目规划总投资约25亿元、年煤炭运营量5000万吨。本项目计划分两期建设，一期计划2023年初开工建设，设计年煤炭运营量1000万~3000万吨、煤炭储存能力100万吨；一期年煤炭运营量达到3000万吨后开始二期建设，二期投运后，将实现设计年煤炭运营量3000万~5000万吨、煤炭储存能力200万吨。通过打通疆煤进宁通道，加强跨区域协同联动，实现能源保供。

功能集成，转换灵活。湖北荆州煤炭储备基地是沿浩吉铁路输运系统最大的物流中转基地、华中最大的煤炭铁水联运项目。项目分两期建设，一期工程已于2022年1月开港运营。项目全部建成后，煤炭中转量每年可达到5000万吨，静态堆存能力可达到500万吨，配煤加工能力可达到1000万吨，将成为华中地区最大的煤炭中转、交易平台和湖北省煤炭应急储备供应保障平台，具备物流配送、应急储备、配煤加工、煤炭交易四大功能，实现煤炭储备基地与现代煤化工基地建设联动。

存量挖潜，煤电联动。湖南为内陆省份，煤电油气资源在全国并无优势，在提升能源供应保障能力、加快煤炭储备建设方面，湖南省加快岳阳、华容、益阳桃花江二期等储煤基地建设进度；推动益阳、岳阳、涟源等电厂储煤设施改（扩）建工程开工建设，最大限度依托既有设施开展扩容增量，进行存量挖潜。

3. 加强煤炭输运通道建设

一是加快集疏运配套设施建设。优化现有煤炭运输网络，完善区域路网结构。加快瓦日、唐呼、浩吉等新投运煤炭运输通道集疏运系统建设，推动铁路运煤专线尽早达到设计能力[35]。提高交通基础设施建设标准，推进太焦、邯长等干支线铁路扩能改造和复线建设，提升京原等铁路电气化率，不断完善铁路运煤通道建设。加快包西—西康—襄渝通道的点线能力配套建设，强化“疆煤外运”主干道与相关矿区之间干支线的合理衔接，发挥兰渝线优势，提高西南地区煤炭供应保障能力。发展煤炭铁水联运、公水联运，加强港口集疏运公路和物流转运设施建设，实现铁路货运站与港口码头无缝衔接。

二是推动煤炭水路通道升级发展。探索以中央企业或地方政府所属企业为平台，通过股权划转、并购重组等多种方式，以省为单位推动港口整合，打破煤炭发运港口条块分割、各自为政的局面，解决低水平重复建设和无序竞争问题，实现煤炭发运港口的良性发展。完善疏港铁路、疏港公路建设，推动集疏港铁路向码头前沿、港口堆场延伸，加快装卸场站以及配套基础设施建设，彻底解决港口、园区“最先一公里”和“最后一公里”的货物集散难问题。

三是推动煤炭运输信息化、智能化发展。整合各省煤炭调运数据，在相关行业、领域建立大数据平台，综合地理、气象、交通流向、流量等各类数据，为交通管理提供支持。加快推动北斗导航系统在煤炭运输领域的应用，通过提供全天候、高精度的定位导航服务，为车联网、船联网等发挥基础支撑作用。加强车、路、信息系统、数据库的协同技术开发，推动智能监控监测设备与智能交通基础设施同步建设，探索构建动态感知、全面覆盖、泛在互联网的综合智能化煤炭运输网络。

4. 加强支撑性、调节性煤电改造建设

一是加快煤电灵活性改造，“十四五”时期，推动50%的煤电开展灵活性改造，新增 1.1 亿千瓦以上的调节能力，支撑年增 1.1 亿~1.3 亿千瓦风电、太阳能发电装机规模。改造应以 30 万~60 万千瓦的机组为主；仍需充分发挥百万千瓦机组的高能效优势，在保障基荷运行的基础上通过提供热、汽等服务提高综合能源利用效率。“十五五”时期，存量煤电全部完成灵活性改造，实现超过 2.3 亿千瓦的调节能力。改造不仅要降低最小稳定出力，还要大幅缩短启停时间，需与供热储热加强统筹，实现热电协同。届时通过与各类储能和需求响应形成有机配合，可以保障 2030 年 12 亿千瓦以上风电、太阳能发电装机有效利用。

二是支撑可再生能源基地发展，科学合理地建设支撑性、调节性的清洁高效先进节能煤电机组。与老旧机组退出相结合，主要采用“上大压小”“等量替代”“减量替代”等方式新建燃煤电厂。与煤炭储备建设相结合，主要在铁路沿线、沿海沿江等电煤运输条件较好、辐射区域较大的负荷中心地区新建先进环保的煤电机组。与大型风电光伏基地建设相结合，在以沙漠、戈壁、荒漠地区为重点的大型风电光伏基地周边建设清洁高效先进节能的煤电机组。

三、以基地开发为重点加快可再生能源基础设施建设

实现 2030 年前碳达峰、2060 年前碳中和目标，要求非化石能源跃升发展，到 2030 年风电和太阳能发电总装机规模达到 12 亿千瓦以上。我国风能和太阳能资源禀赋较好、建设条件优越的地区较为集中，适用基地式开发模式。同时，可再生能源基地化开发可提高规模化、集约化程度，实现统筹布局、统一建设、统一送出和统一运维，支持和促进相关可再生能源技术升级，促进项目降本增效、提高土地使用效率。面向中长期，基地式开发仍将是可再生能源发展的重要方式。

（一）实现“双碳”目标要求非化石能源跃升发展

1. 风能和太阳能将成为最主要的可再生能源品种

非化石能源需求总量持续增长，碳达峰后风能和太阳能成为最主要的可再生能源品种。实现“双碳”目标，非化石能源消费总量要稳步上涨，2060 年为 40 亿~44 亿吨标准煤，约为 2020 年水平的 5 倍。非化石能源占一次能源的比重在 2040 年前后将超过 50%，每 5 年提升超过 10 个百分点；2050 年非化石能源占一次能源的比重有望突破 70%，2060 年可达到80%~87%[36]。

2. 电源结构清洁化转型加速推进

在“双碳”目标要求下，能源电力低碳化发展要求日益凸显，非化石能源发电装机容量将持续增长，电源结构朝着更加清洁低碳的方向发展。2020 年我国非化石能源发电装机规模为 9.6 亿千瓦，2025 年非化石能源发电装机规模需要达到 16.6 亿~16.8 亿千瓦，2030 年非化石能源发电装机规模需要达到 22.6 亿~23.2 亿千瓦，2060 年非化石能源发电装机规模需要达到 51 亿~55 亿千瓦。从装机占比来看，非化石能源发电装机在电源结构中的比重将由 2020 年的约 43%逐步提升至 2030 年的 58%~59%、2060 年的 79%~82%；从发电量来看，非化石能源发电量占比由 2020 年的 32%逐步提升至 2030 年的 50%左右、2060 年的 87%~90%。

（二）以风电光伏为重点加快可再生能源基地式开发

1. 核电容量稳步增长，发展潜力取决于站址空间

核电是清洁、可靠的电源，且其利用小时数较高，在风电、光伏发电大规模发展的情况下能够对系统电力电量平衡作出较大贡献，是实现“双碳”目标的重要力量，应当在确保安全的基础上有序发展核电。我国沿海长治资源可支撑核电装机规模达到 2.4 亿~2.6 亿千瓦（含在运、在建项目），内陆厂址资源可达到约 2 亿千瓦。在不发展内陆核电的情况下，预

计2025年、2030年、2050年我国核电装机容量将分别达到约0.8亿千瓦、1.2亿千瓦、2.3亿千瓦，2050年后装机容量保持稳定。

2. 水电发展空间有限

水电是我国重要的能源和战略资源，是国家实现能源清洁化发展转型、完成非化石能源发展目标的重要保障。截至2023年底，我国待开发水力资源约为2.86亿千瓦，占技术可开发量的41.4%。从行政分区来看，截至2023年底，四川、云南已建和在建水电项目装机规模分别为11248万千瓦、8403万千瓦，待开发比例仅为24.1%、28.4%。从流域分布来看，截至2023年底，金沙江、长江上游、雅砻江和大渡河等待开发比例仅为15.6%、19.4%、19.9%和7.2%[37]。未来我国水电可开发潜力有限，主要集中在西南地区，且综合开发成本呈上升趋势。预计到2040年，大渡河、雅砻江、澜沧江上游、金沙江上游川藏段与川滇段电站基本开发完毕。综合考虑成本、生态、民生等因素，藏东南水电可开发潜力相对有限。预计2025年、2030年、2040年我国水电装机容量将分别达到约3.8亿千瓦、4.1亿千瓦、5.1亿千瓦，此后趋于稳定。我国典型河流水电开发情况见图5-3。

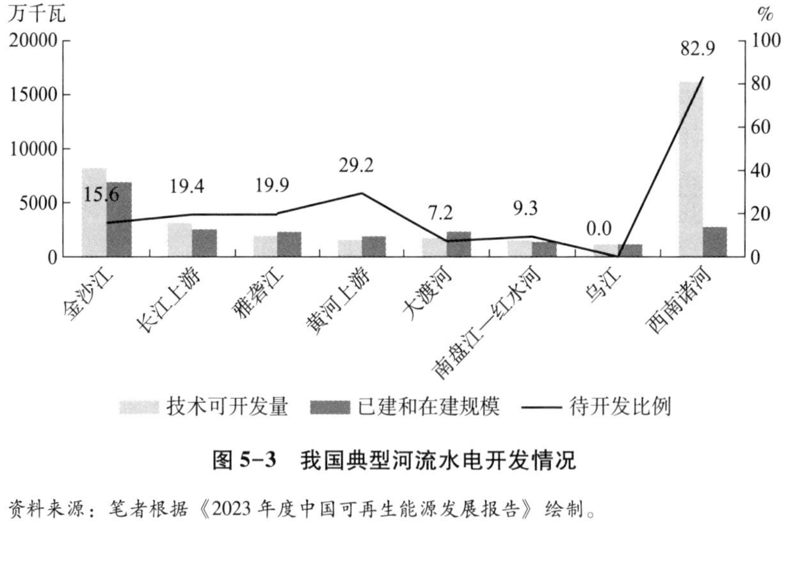

图5-3 我国典型河流水电开发情况

资料来源：笔者根据《2023年度中国可再生能源发展报告》绘制。

3. 光伏发电逐步成为我国装机容量最大的电源

近年来，我国光伏发电保持快速增长，2023 年装机容量已达 6.09 亿千瓦。在“整县光伏开发”等相关政策激励下，光伏发电发展将进一步提速。未来光伏发电将长期作为“双碳”目标下非化石能源发展的领跑者，至 2060 年将保持强劲的增长势头，成为增长幅度最大的电源。预计 2025 年和 2030 年装机容量将分别达到约 5.5 亿千瓦和 8 亿~8.3 亿千瓦 2060 年增至 20 亿千瓦左右。光伏发电装机容量当前低于煤电、水电、风电，预计将于 2030—2035 年成为容量最大的电源。

4. 陆上风电保持较快增速，远期将成为我国发电量最大的电源

陆上风电是我国当前最大的新能源电源类型，2023 年装机容量达 4.04 亿千瓦。补贴退坡和配置储能要求等政策变化暂时对陆上风电项目的经济性产生一定影响，但在“双碳”目标驱动下，地方政府和行业企业仍将大力推进风电发展，风电装机容量的增长步伐不会受到明确影响。预计 2025 年和 2030 年我国陆上风电装机容量将分别达到 4.8 亿千瓦和 6.5 亿~6.8 亿千瓦，2060 年增至近 15 亿千瓦。陆上风电发电量当前低于煤电、水电，预计将于 2035—2040 年成为发电量最大的电源。

5. 中远期海上风电将是东部地区规模可观的新能源发电形式

海上风电比陆上风电资源条件好、利用小时数高、出力波动小，并且距离东部负荷中心近，可实现就近配置消纳。2023 年，我国海上风电累计并网规模达到 3728 万千瓦，累计装机连续 3 年居全球首位，同比增长 20.5%。江苏省和广东省累计并网容量均超过 1000 万千瓦，分别达到 1183 万千瓦和 1084 万千瓦，新增项目集中于广东省、山东省和浙江省，分别为 233 万千瓦、201 万千瓦和 160 万千瓦。预计 2025 年、2030 年、2060 年我国海上风电装机容量将分别达到 0.5 亿千瓦、0.9 亿千瓦、4 亿~5 亿千瓦。

（三）适度超前开展可再生能源基地式开发的重点任务

1. 加快推进以沙漠、戈壁、荒漠地区为重点的大型风电光伏基地建设

我国西部地区沙漠、戈壁、荒漠幅员辽阔，风光资源优越，具备大规模开发风电、光伏发电的土地条件和自然条件，初步统计估算，我国沙漠、戈壁、荒漠地区新能源资源理论可开发量达75亿千瓦，在上述地区加快规划建设大型风光基地项目，是“双碳”目标下推动新能源大规模发展的重要举措。

习近平总书记指出，要加大力度规划建设以大型风光电基地为基础，以其周边清洁高效先进节能的煤电为支撑，以稳定安全可靠的特高压输变电线路为载体的新能源供给消纳体系。充分考虑负荷中心距离、既有输电通道情况、支撑调节资源能力等因素，以沙漠、戈壁、荒漠地区为重点的大型风电光伏基地规划建设需要“由近及远、集中布局”。一方面，优先选择距离负荷中心较近的区域进行规模化、集约化开发，重点对内蒙古库布齐、乌兰布和、腾格里、巴丹吉林沙漠等陇东以东地区进行集中布局。积极推进光伏与治沙融合发展，实现新能源产业与生态产业融合，推动光伏治沙试验示范区建设。适度超前推动氢能与新能源耦合发展，试点示范离网型风电、光伏制氢，在发展基础和应用场景相对较好的地区开展风光制氢一体化示范应用。探索“光热+新能源”发展模式。另一方面，陕西、山西、内蒙古、宁夏等的采煤沉陷区可利用既有通道资源和调节能力适度超前开展大型风电光伏基地建设。深入推进“光伏+采煤沉陷区治理”模式，带动矿区生态治理。

2. 以主要流域为重点有序推进可再生能源一体化基地建设

我国水、风、光等可再生能源具有较好的互补特性，水电的功能定位是除自身发电，还为风、光等可再生能源发展提供支撑保障，推动水、风、光一体化协同发展是可再生能源未来的发展方向。《2030年前碳达峰

行动方案》明确提出，要推动西南地区水电与风电、光伏发电协同互补。一方面，依托西南水电基地统筹推进水风光综合基地开发建设，协调推进流域水电与风电、光伏、天然气、地热等发电协同互补；依托水电调节能力及外送通道，重点推进金沙江上游川藏段（四川侧）和川滇段、金沙江中下游、大渡河、雅砻江、乌江、红水河等水风光基地综合开发；“十四五”时期，重点推进金沙江上游川藏段（西藏侧）、雅鲁藏布江下游等水风光基地综合开发。另一方面，积极开展水电扩机改造支撑可再生能源发展，在中东部及西部地区，适应新能源的大规模发展，科学推进金沙江、雅砻江、大渡河、乌江、红水河、黄河上游等主要水电基地扩机。

3. 有序推进海上风电基地建设

以山东半岛、长三角、闽南、粤东、北部湾等为重点，开展千万千瓦级海上风电基地建设，推进一批百万千瓦级的重点项目集中连片开发，与陆上风光基地共同布局，统筹开发建设。积极探索辽宁、海南、福建北部和粤西区域等的大型海上风电基地化开发。开展深远海海上风电规划，完善深远海海上风电开发建设管理，推动深远海海上风电技术创新和示范应用。探索推进具有海上能源资源供给转换枢纽特征的海上能源岛建设示范，建设海洋能、储能、制氢、海水淡化等多种能源资源转换利用一体化设施。

四、以分布式能源发展为重点开展分布式智能电网示范

“十四五”以来，我国分布式风电、光伏规模持续扩大，占可再生能源新增装机的比重持续提升，发电能力稳步增长。随着分布式光伏、分散式风电等的不断接入，配电系统由放射状无源网逐步转变为具有大量分布式电源的有源网，局部区域形成电力自平衡单元成为可能。以交直流区域互联大电网为基础、分布式智能电网为方向的“大电网”与“分布式”兼

容并存的新型电网格局将逐步形成。分布式智能电网内涵见表 5-2。

表 5-2　分布式智能电网内涵

日期	名称	主要内容
2022 年 1 月	《“十四五”现代能源体系规划》	积极发展以消纳新能源为主的智能微电网，实现与大电网兼容互补。以电网为基础平台，增强电力系统资源优化配置能力，提升电网智能化水平，推动电网主动适应大规模集中式新能源和量大面广的分布式能源发展
2022 年 4 月	《南方电网公司融入和服务贵州在新时代西部大开发上闯新路的重点举措》	提出全面构建数字电网，通过数字电网突破原有技术，形成电网新形态，打造能源生态系统的核心枢纽，赋能智慧能源生态的形成和发展，推动分布式智能电网建设，服务清洁低碳、安全高效的能源体系，助力“双碳”目标实现
	中央财经委员会第十一次会议	发展分布式智能电网，建设一批新型绿色低碳能源基地，加快完善油气管网
2022 年 5 月	《关于促进新时代新能源高质量发展实施方案》	发展分布式智能电网，推动电网企业加强有源配电网（主动配电网）规划、设计、运行方法研究，加大投资建设改造力度，提高配电网智能化水平，着力提升配电网接入分布式新能源的能力
2022 年 7 月	《“十四五”全国城市基础设施建设规划》	推进城市能源系统高效化、清洁化、低碳化发展，增强电网分布式清洁能源接纳和储存能力，以及对清洁供暖等新型终端用电的保障能力
2023 年 1 月	《新型电力系统发展蓝皮书（征求意见稿）》	推动分布式智能电网由示范建设到广泛应用，促进分散式新能源并网消纳

资料来源：笔者根据公开材料整理。

（一）分布式可再生能源规模快速增长

1. 分布式发展成为可再生能源发展的主要方式

2023 年，我国新增分布式光伏规模 9628.6 万千瓦，占全国新增光伏发电并网装机容量的 41.6%，已成为光伏领域的重要力量。分区域来看，分布式光伏开发建设以中东部地区为主，2023 年累计装机规模排名前 5 的省份分别为山东省（4099 万千瓦）、河南省（2965 万千瓦）、江苏省（2772 万千瓦）、浙江省（2690 万千瓦）、河北省（2393 万千瓦）。

2. 分布式可再生能源发电能力稳步增长

2021年，全国分布式光伏的平均利用小时数达到1030小时，首次超过1000小时，2023年新并网项目小时数将超过这一数值。2021年，30万~40万千瓦（不含40万千瓦）风电机组新增装机容量占分散式风电新增装机容量的65.5%，同比增长45.5个百分点；40万千瓦及以上风电机组装机容量占比约为20%。随着分布式光伏、分散式风电的产品质量、系统性能、发电效率持续提升，其发电量将进一步增加。

（二）分布式智能电网是开发利用分布式能源的重要方式

1. 分布式有源化发展趋势要求提高配电网接纳新能源能力

随着大量分布式光伏、分散式风电等的不断接入，配电系统将由原来的放射状无源网变为具有大量分布式电源的有源网，电网的物理特性发生重大改变，传统意义上的配电网无法适应大规模、间隙性的分布式电源广泛接入。为保障电网安全稳定运行，山东省提出2022年底前，全部抵押分布式光伏用户要具备远程控制能力。受接入影响，山东省、河北省户用光伏新增装机增速明显下降，农村电网已成为分布式可再生能源发展的关键制约。

2. 多元化用电负荷要求提升配电网承载力和灵活性

一方面，我国用电负荷呈冬夏“双高峰”特征，特别是农村等局部地区务工人员迁移特征明显，在冬季采暖需求驱动下负荷高峰更为明显，大量台区全年峰谷差在8倍以上，但峰值时间占比很低；部分农村地区台区同期渗透率超过300%，个别光伏台区超过500%，光伏开发和负荷不匹配导致年度峰谷差进一步加大。另一方面，随着电动汽车充电等新型用电负荷规模逐步扩大，要求配电网提升灵活性调度能力。农村地区结合“乡村振兴”推进形成诸如炒茶、烤烟、酿酒、智慧养殖和农产品加工等特色产业，多元化用电负荷增加对配电网的灵活性提出了更高要求。

3. 构建新型电力系统要求配电网与大电网兼容互补

一方面，面对有源配电网、复杂多元用户、柔性可调互动端口，配电网进入了一个前所未有的新格局，需要一个迎接未来挑战的新思路。另一方面，作为可再生能源的接入平台，配电网是电力行业最能产生新价值的环节，随着配电网和大电网的关系逐渐变化，未来配电网可为大电网提供更多的辅助和消纳补偿服务。这就要求配电网更加开放包容，允许新的市场主体参与，支持新技术应用与商业模式创新。

分布式智能电网是由无数个分布式电力自平衡单元“柔性”组织智能重构而成的配电网新形态。自平衡单元可实现内部分布式电源平衡消纳，各个自平衡单元“柔性”组织在一起，紧急状态下分布式智能电网可分片实现“自适应孤岛运行”，并能够在扰动发生后快速恢复全系统的正常运行。同时，“柔性”组织在一起的分布式智能电网与主网“柔性”联系，逐步成为大电网的可控负荷。分布式智能电网将进一步充分发挥接纳清洁能源和调节作用，大电网也将从传输电能向传输调节性电力转变，并承担分布式智能电网的大备用作用。在新型电力系统建设过程中，主配网等各层次电网从相互依赖向相互支持、协同互济转变[38]。

（三）适度超前开展分布式智能电网建设的重点任务

1. 以源网荷储一体化模式开展分布式智能电网建设

一是工业园区分布式智能电网建设。重点支持轻纺、冶金、电子制造、装备制造、大数据中心等用电负荷大、用电成本高的工业企业，结合自身用电特性，合理利用周边新能源资源建设分布式光伏或分散式风电，适当配置储能设施，提升绿电使用比例和系统运行效率，协同推进可再生能源开发与消纳。二是增量配电网改革试点地区分布式智能电网建设。结合增量配电网改革试点基础，通过拓展区域内分布式清洁能源、接纳区域外可再生能源等方式提高清洁能源比重，推动形成区域内电力价格与绿色电力优势。三是农村地区分布式智能电网建设。家庭作坊类源网荷储一体化模式利用作坊屋顶建设分布式光伏，实现作坊生产生活用电优先由自发绿电供应，降低用电成本；生产企业类源网荷储一体化模式利用本行政村范围内的资源新建分布式光伏、分散式风电，合理配置储能设施，实现源网荷储一体化发展；整村开发类源网荷储一体化模式利用本行政村范围内的资源建设分布式光伏、分散式风电，完善村内配电网，合理配置储能设施，逐步实现全村用电自我保障，壮大农村集体经济，促进农村零碳发展。分布式智能电网示意图见图 5-4。

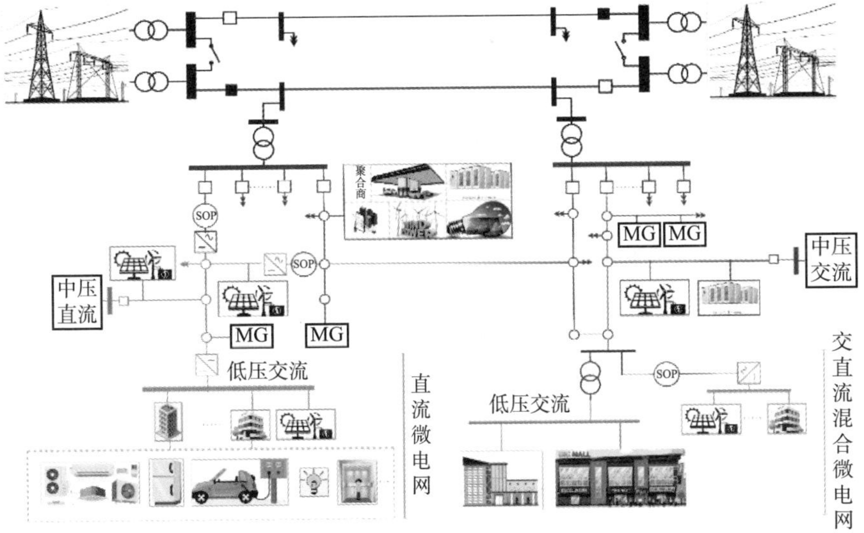

图 5-4　分布式智能电网示意图

资料来源：《新型电力系统发展蓝皮书》。

2. 建设交直流混合配电网、直流配电网

依托既有分布式能源项目或配电网建设，结合分布式电源建设或增量配电网业务建设，加快建设柔性直流、直流微电网与交流系统互联的交直流混合配电网，实现潮流可控、直流并网、通道扩容以及设备利用率平衡。在并网形式上满足各类元件快速接入和即插即用，同时形成有源台区的便捷构网，通过主动支撑技术将屋顶光伏等分布式电源从“消纳负担”转化为“支撑资源”；运行控制上采用“集中式+分布式”的总体架构，集中式控制主要满足现有运行调度的要求，分布式控制主要填补分布式能源资源有序控制方面的空白，同时适应直流和源网荷储充等新的控制要素接入配电网。最终形成“设备级—台区级—中低压系统级”逐级递进的自律控制层级。

3. 强化数字化、智能化改造升级

一方面，面向分布式能源资源在形式和通信方式上的异构趋势，启动多能源、多场景和多尺度下的边云协同技术研究和终端设备研发，形成支撑大量分布式能源资源通信的分层分群结构和主动同步技术；另一方面，构建省级分布式光伏监控主站，基于大数据和人工智能技术，使电网资产和分布式能源资源形成深度关联，支撑对源网荷储充等分布式资源的“可观、可测、可控、可调”，通过光伏板覆尘、故障检测等辅助服务发挥电网平台优势、拓展服务边界，同时提供并网需求快速登记服务，形成并网、运行和维护的闭环关联，支撑整县并网业务进度可视化和便捷化。

专栏 5-4 苏州市分布式智能电网示范项目

苏州主动配电网示范创新项目在环金鸡湖、苏虹路工业区、2.5 产业园三个区域进行 5 个项目建设。

项目 1：基于柔性直流互联的交直流混合主动配电网技术应用示范（2.5 产业园）。针对 2.5 产业园负荷快速增长、供电可靠性要求高、分布式资源高效消纳等问题，建设柔性直流、直流微电网与交流系统互联的交直流混合配电网。工程建成后，局部清洁能源渗透率达到 30%，具备对渗透率 50% 的清洁能源的消纳能力，配电网供电可靠性不低于 99.999%。

项目2：基于“即插即用”技术的主动配电网应用示范（2.5产业园）。建设分布式电源、储能、多样性负荷即插即用装置，实现分布式电源、多样性负荷及储能设备的灵活接入和有效利用，使多样性负荷、新能源、储能设备主动参与并响应电网控制。

项目3：苏州工业园区高可靠性配电网应用示范（环金鸡湖区域）。采用柔性直流合环技术，实现20千伏线路的合环运行，区域供电可靠性不低于99.9999%，媲美东京、新加坡核心区水平，满足环金鸡湖区域极高供电可靠性的要求。

项目4：苏州工业园区配电网高电能质量应用示范（苏虹路工业区）。满足苏虹路工业区内众多高新技术企业对电能质量的苛刻要求，在国内首次实现对20千伏配电网的电能质量补偿与治理。

项目5：主动配电网源网荷储协调控制技术应用示范（2.5产业园）。建设源网荷储协调控制系统，对光伏、风电、分布式储能、电动汽车、柔性负荷进行互动协调控制，实现2.5产业园分布式能源利用的最优化和效益最大化。

5个项目之间各有侧重并相互支撑，共同打造苏州灵活可靠、优质高效、绿色低碳的一流配电网，并实现多能优化利用，支撑苏州城市能源互联网发展。

五、以充电基础设施为重点加快新型能源基础设施建设

近年来，中央经济工作会议和政府工作报告多次提出要加快新型基础设施建设。作为新型基础设施七大领域之一，充电基础设施是服务民生保障的重要交通能源融合类基础设施，是更好满足人民群众购置和使用电动汽车的需要、更好支撑新型电力系统建设和交通能源绿色低碳转型、助力推进能源革命和加快建设交通强化的重要支撑。

（一）我国电动汽车保持快速增长，下沉市场潜力巨大

1. 电动汽车保有量持续高速增长

近年来，我国以电动汽车为代表的新能源汽车产业持续快速发展，市场渗透率不断提升，已进入全面市场化拓展期。2023 年，我国新能源汽车产销分别完成 958.7 万辆和 949.5 万辆，同比分别增长 35.8%和 37.9%，市场占有率达到 31.6%，高于上年同期 5.9 个百分点，连续 9 年位居全球第一。随着电动汽车综合竞争力持续提升，以及基础设施、政策环境等不断完善，电动汽车保有量将持续大幅攀升。乐观估计，2024 年我国新能源汽车市场占有率为 40%，2025 年接近 50%，2026 年超过 50%，2026 年底前新能源汽车将成为汽车市场的主导。到 2030 年，我国新能源汽车保有量预计可达 1 亿辆左右，市场占有率将突破 70%。

2. 发展潜力逐步由限购城市向其他地区拓展

目前，电动汽车在我国燃油车限购省市发展较快。据相关机构统计，截至 2022 年底，北京市、上海市、深圳市和广州市已接入管理平台的电动汽车保有量分别约为 57 万辆、49 万辆、47 万辆和 43 万辆，分别为已接入新能源汽车保有量的 95%、58%、67%和 79%。杭州市、海南省纯电动汽车保有量分别约为 36 万辆和 16 万辆，分别为已接入新能源汽车保有量的 73%和 84%。今后一段时期，燃油车限购省市的电动汽车仍将保持快速发展势头。北京市提出到 2025 年，新能源汽车保有量力争达到 200 万辆的发展目标；深圳、广州、杭州等城市提出到 2025 年，新能源汽车保有量分别达到 100 万辆、80 万辆、50 万辆的发展目标。海南省提出将逐步禁止销售燃油汽车，至 2030 年全面使用清洁能源汽车。

同时，其他地区电动汽车发展速度不断加快。与一线城市相比，三四线城市处在“汽车进入家庭”的关键时期，电动汽车在充电、停车、通行等方面更具优势，市场渗透率提升更为显著。据不完全统计，武汉、合

肥、西安、重庆等城市都提出了建设“新能源汽车之都”的口号，电动汽车消费将呈现后来居上的发展势头。

3. 农村地区将成为电动汽车推广的新领域

我国农村居民收入增长、消费支出增长均快于城镇居民，在部分经济较发达地区，农村居民收入消费水平已接近二线城市，机动化出行需求迫切，但整体汽车渗透率较低。乡村居民用车电动化率不到1%，仅为城镇居民的1/3，拥有充分的增长空间。同时，农村地区具有推广电动汽车的天然优势，扩大电动汽车在农村地区的应用，能够提升农村交通安全水平，带动路网、电网等基础设施改造提升，助力农村经济绿色低碳转型和高质量发展。

（二）充电基础设施建设需要从规模增长向构建网络体系转变

1. 需要扩大充电基础设施建设规模

2015—2020 年，我国充电基础设施保有量从 5. 8 万台增至 160 万台，年均增长超过 30 万台。近年来，充电基础设施与电动汽车呈同步爆发式增长趋势。截至 2023 年底，我国充电基础设施保有量达到 859. 6 万台，总量规模位居世界第一，车桩比为 2. 4 : 1，基本能够满足电动汽车快速发展需求。以电动汽车渗透率最高的上海市为例，充电基础设施保有量达到 72 万台，车桩比为 1. 7 : 1，在全国居领先水平。面向中长期，按照当前车桩比 2 : 1的路径发展，到 2030 年充电基础设施建设需求将超 5000 万台，建设任务十分繁重，单纯依靠规模累加难以支撑电动汽车快速增长。

2. 需要优化充电基础设施快慢结构

各地通过车桩比设定发展目标，未对当地匹配出行需求结构的充电基础设施结构进行规划，导致在建设推进中存在方向不一、技术不一等问题。部分充电服务企业为抢占市场份额，建设了大量成本较低的交流慢充桩，导致直流快充桩占比较低，用户充电耗时长、体验差。截至 2023 年，我国公共充电基础设施中交流慢充桩仍处于主导地位，占比达 56%；上海市和深圳市中心城区的公共充电基础设施平均充电时长分别超过 1.5 小时和 2 小时，难以满足城市内出行短时间充电需求。

3. 需要优化充电基础设施空间布局

一方面，充电基础设施在深圳市、上海市、北京市等超大、特大型城市布局密集，而在部分新一线城市建设不足。调研发现，深圳市公共充电基础设施密度已达到 74 台/平方千米，大连市公共充电基础设施密度仅为 4 台/平方千米。同时，充电服务企业建设选址存在“挑肥拣瘦”现象，倾向在商业中心、物流园区、景区等热门区域布局建设充电基础设施，在偏远地区建设的积极性不高。另一方面，乡村建设有待加强。随着“新能源汽车下乡”等行动的推进，农村地区充电基础设施建设不足问题凸显。例如，重庆市尚有 3/4 的乡镇街道未建设充电基础设施，海南省仍有一半以上乡镇无充电基础设施布局。

4. 需要加快充电基础设施智能化升级改造

在不进行引导干预的情况下，电动汽车充电时空分布不均，其负荷高峰与城市生产生活用电尖峰重合度较高，将进一步拉大用电峰谷差，对电网稳定运行造成负面影响。调研发现，天津市和北京市的充电负荷与居民用电高峰负荷的重合度分别高达 94%和 85%。相关机构预测，到 2025 年和 2030 年，全国电动汽车最高充电负荷分别达到 2700 万千瓦和 6500 万千瓦，可分别导致电网最高用电负荷增加 2%和 4%。电动汽车具有移动储能属性，既可充电行驶，又能反向放电。随着电动汽车规模快速增长、电池及充电桩技术不断进步，电动汽车可通过车网互动方式（V2G）参与电力系统需求侧响应。因此，需要加快充电基础设施智能化改造，在有效应对充电冲击影响的基础上，提升电力系统调节能力，为电力系统“双高”“双峰”难题提供解决路径。

（三）适度超前开展充电基础设施建设的重点任务

1. 构建充电基础设施体系，连点成线、织线成面形成充电网络

一是建设便捷高效的城际充电网络。以“6 轴 7 廊 8 通道”国家综合立体交通网主骨架为重点，加快补齐补强城市群及重点城市之间路网充电设施，强化充电线路间有效衔接，打造有效满足电动汽车中长途出行的城际充电网络。

二是建设互联互通的城市群都市圈充电网络。以京津冀、长三角、粤港澳大湾区、成渝地区双城经济圈为重点，逐步打造联通区域主要城市的“环状”快速充电网络，率先建成绿色出行交通示范区。加强充电基础设施统一规划、协同建设，积极推动设施互联互通，实现跨区域充电服务的有效衔接，提升电动汽车在城市群都市圈及重点城市间的通达能力。

三是建设结构优化的城市充电网络。以城市道路交通网络为依托，以“两区”（用户居住区、办公区）、“三中心”（商业中心、工业中心、休闲中心）为重点，推动城市充电网络从中心城区向城区边缘、从优先发展区域向其他区域有序延伸，实现城市各类停车场景全面覆盖。

四是建设有效覆盖的县、乡、村镇充电网络。推动城市充电网络向城市周边县、乡、村镇地区延伸，推动重点县城充电网络有效覆盖。

2. 加快重点地区充电基础设施建设

一是积极推进居住区充电基础设施建设。既有居住区加快推进固定车位充电基础设施应装尽装，优化布局公共充电基础设施，研究建立充电车位分时共享机制，鼓励发展“一桩多车”，提高车位和充电设施利用效率。新建居住区严格落实充电基础设施配建要求，压实房地产开发企业的建设主体责任，确保固定车位全部建设充电基础设施或预留充足安装条件。

二是大力推动“三中心”等公共领域充电基础设施建设。以“三中心”等建筑物配建停车场以及交通枢纽、驻车换乘（P+R）等公共停车场

为重点，加快公共充电基础设施建设，推广机械式与立体式停车充电一体化设施。在具备条件的加油站配建公共快充设施，积极探索研究加油、补电等一体化动力站建设。

三是全面实施公路沿线充电基础设施建设。将充电设施纳入高速公路服务区配套基础设施范围，压实产权单位切实履行主体责任。推动具备条件的普通省干线公路在服务区（站）、沿线停车场等建设或改造充电基础设施，不断提升服务效能。积极引导农村公路沿线乡镇优先在交通枢纽、公共停车场等场所，配置公共充电基础设施，强化公路沿线充电基础服务。

3. 优化完善充电基础设施快慢结构

新建高速公路服务区均采用直流快充充电基础设施，加快既有高速公路服务区交流慢充充电基础设施升级改造，到2030年，高速公路服务区具备充电条件的车位中快充车位的占比不低于90%。城市道路两侧布局建设以快充为主、慢充为辅的公共充电基础设施，居民区积极推广智能有序慢充为主、应急快充为辅的混合型充电基础设施，办公区、商业中心、工业中心、休闲中心等城市专用和公用区域，因地制宜布局建设快慢结合的公共充电基础设施。

4. 推动充电基础设施网络化、智能化发展

一方面，促进多网融合互动，构建信息平台。鼓励新技术创新应用，推动电动汽车与充电设施网、信息服务网、交通网、电力网相互衔接融合，实现能量互通、信息互联。另一方面，加快推广智能有序充电和车网互动。持续完善智能有序充电相关标准与配套政策，快速提高智能充电桩建设比例，实现“智能慢充为主、应急快充为辅”充电模式。分阶段、分领域压茬推动车网互动应用，近期推进技术创新与试点示范，研究完善标准体系和市场机制；中期在电动汽车渗透率较高地区率先实现商用，持续

验证完善相关体制机制；远期在全国范围内复制推广，充电场站和电动汽车用户全面参与电力交易。

六、以绿氢开发利用为重点建设氢能基础设施

氢能是一种来源丰富、绿色低碳、应用广泛的二次能源，正逐步成为全球能源转型发展的重要载体之一。面向中长期，氢能将逐步成为我国能源体系的重要组成部分，既是用能终端实现绿色低碳转型的重要载体，也是战略性新兴产业和未来产业的重点发展方向。当前，我国氢能产业仍然处于发展初期，支撑产业发展的基础设施规模与功能有限，需要以绿氢为重点，适度超前布局可再生能源制氢和输运设施以支撑氢能产业稳步发展。

（一）氢能对实现“双碳”目标发挥重要作用

1. 氢能应用场景逐步拓展

一是工业部门用氢规模将稳步增长，长期保持氢能应用的主体地位。工业用氢以原料利用为主，未来将向燃料利用拓展，氢能需求规模将从2020年的3000万吨增至2060年的4500万吨。其中，化工用氢规模基本稳定，炼油用氢将在达峰后逐步降低，钢铁用氢规模持续增长，到2060年将成为仅次于化工的工业用氢领域。氢能占工业用能的比重将从2020年的5%增至2060年的11%[39]。

二是交通用氢规模将快速提升。2020年交通用氢主要来自甲醇等氢基燃料，终端氢气直接用量不足1万吨；2025年后，技术降本和场景扩大推动氢能应用加快发展；2040年后，低碳氢能步入成熟，用氢规模大幅提升；2060年形成以道路交通用能为主、水路和航空多元发展的态势，氢能需求规模将达2800万吨，占交通用能的比重从2020年的0.1%增至27.0%。

三是建筑部门用氢将立足既有和新增氢能基础设施，拓展热电联供。建筑部门用氢以人工煤气为主，2030 年前低碳氢能在建筑领域的应用规模较小，以试点示范为主。2040 年后，随着低碳氢能的经济性提升，用氢规模将逐步增至 250 万吨左右。2050 年达到 500 万吨峰值后，在人口下行等因素影响下用氢规模逐步降低，到 2060 年降至 340 万吨，占建筑部门用能的比重将维持在 2%~3%。

四是电力部门将逐步建立电氢耦合体系，氢能将为新型电力系统提供灵活性和安全性保障。电氢耦合转换将在远期为电力系统提供灵活性、稳定性和安全性保障。发电用氢以焦炉煤气副产氢为主，预计碳达峰阶段年均用氢规模约为 100 万吨；到 2040 年，在掺氨发电、掺氢发电和氢燃料电池热电联产带动下，用氢规模将超过 200 万吨；到 2060 年用氢规模将突破 800 万吨，在灵活调峰和供电应急保障等方面发挥重要作用。

2. 可再生能源制氢将逐步成为主力氢源

截至 2023 年底，全国氢气产能超 4900 万吨/年，产量超 3500 万吨，同比均增长约 2.3%，主要作为合成氨、甲醇以及炼化等工业过程中的中间原料。煤制氢、天然气制氢和工业副产氢仍是我国氢气供应的主要来源；电解水制氢稳定发展，产能达到 45 万吨/年，产量约为 30 万吨。

随着我国可再生能源的规模发展，以及绿电制氢技术装备的快速迭代，可再生氢规模将保持较快增长，到 2040 年前可再生能源占我国制氢用能的比重将增至 50%，到 2060 年我国制氢的用能结构将转变为化石能源占比 7%、非化石能源占比 93%，其中可再生能源占比将突破 80%，风能、太阳能制氢占专门制氢总量的比重达 2/3。到 2060 年，我国专门制氢产量将达 8280 万吨，其中可再生能源制氢规模约为 7300 万吨，相当于 2020 年化石能源制氢规模的 2 倍。

（二）我国氢能发展重点在于解决绿氢开发利用问题

1. 化石能源重整制氢需要 CCS 设施建设

煤制氢技术路线成熟高效，可大规模稳定制备，制氢成本约为 8.85 元/千克，是当前成本最低的制氢方式，但二氧化碳排放量达到 11 千克二氧化碳/千克氢气；天然气、水蒸气重整制氢技术较为成熟，是国外主流制氢方式，二氧化碳排放量约为 5 千克二氧化碳/千克氢气，但我国“富煤、缺油、少气”，仅有少数地区开展探索建设。初步估算，到 2030 年，化石能源制氢二氧化碳排放量将超过 2 亿吨；到 2060 年，化石能源制氢二氧化碳排放量将超过 3 亿吨。为控制制氢环节碳排放量，化石能源重整制氢需要与碳补集与封存（CCS）设施融合发展。

2. 氢能发展需要强化与风电光伏基地的结合

一方面，氢能发展与风电光伏基地结合可促进绿氢制备成本下降。电解水制氢的成本主要来源于电耗，单标方氢气耗电量大约为 5 千瓦时，当电价为 0.3 元/千瓦时时，电耗成本占比达到 69%。研究预测，到 2035 年和 2050 年，我国光伏发电成本将达到 0.2 元/千瓦时和 0.13 元/千瓦时，光伏及风电上网电价有望进一步下探，从而带动电解制氢的成本持续下降，进一步缩小电解制氢与化石能源制氢成本的差距。另一方面，氢能发展与风电光伏基地结合可有效提升可再生能源本地消纳能力。受电力系统调峰能力不足、输电通道建设周期长等问题制约，以内蒙古为代表的可再生能源基地弃风弃光等现象较为突出，2022 年第一季度，蒙西地区风电利用率为 89.2%，光伏利用率为 94.8%，新能源综合利用率为全国倒数第一。随着大规模新能源的并网，消纳压力将进一步增大，绿氢作为可再生能源的重要消纳方式之一，在可再生能源基地将具有巨大发展需求。

（三）适度超前布局绿氢基础设施的重点任务

1. 以风电光伏基地为重点，因地制宜布局氢能生产设施

一方面，以沙漠、戈壁、荒漠地区的大型风电光伏基地为重点，综合考虑水资源等情况，因地制宜适度超前布局可再生能源制氢基础设施，着力推广离网型可再生能源耦合制氢工程试点示范。试点天然气掺氢（Hydrogen Compressed Natural Gas，HCNG）发电技术，探索“可再生能源制氢+调解可再生能源波动性”的电网友好型可再生能源发展模式。中东部地区以加油站为基础布局分布式光伏设施，加快油氢电一体站改造建设，推进制氢加氢一体发展。另一方面，推广工业副产氢气的回收提纯利用技术，提高氢能产业所需高纯氢气的生产能力，逐步形成就近利用为主的供应体系，降低工业副产氢供给成本。

2. 适度超前开展油气管网掺氢工程试点示范

以“掺氢先行、由低到高、由短到长、由点及面”的推进思路，近期在保障安全的前提下，兼顾上游氢源、下游用户掺烧等因素，支持有条件的地区和企业选择钢级较低、压力不高的长输天然气管道开展升级改造，开展管道输氢示范建设；在试点示范的基础上，根据资源、市场、技术等条件，适时开展中高压干线天然气管道掺氢输送试点。同时，探索将液氨或甲醇作为储氢介质，直接利用现有油气管道输氢，提升管道利用效率。

3. 以风光制氢大基地对大用户适度建设纯氢管道

与天然气管道掺氢相比，纯氢管道的初始建设开支大，且需要时间成本。长距离运输的氢气管道造价约为 63 万美元/千米，约为天然气管道的 2.5 倍。从氢气价格、管道安全等因素考虑，当前和今后一个时期，仍不适宜复制“西气东输”发展模式，大面积建设长距离纯氢管道。可以钢铁、化工、冶金等工业领域氢能大用户为重点，综合考虑周边风电制氢情况，适度建设纯氢管道。

专栏 5-5　国内外纯氢管道发展现状[40]

美国、法国、德国等发达国家在纯氢管道建设方面已经有了一定的实践和经验。目前全球范围内氢气输送管道总里程超过 5000 千米。美国是全球输送氢气管道最多的国家，其管道总里程达到 2720 千米。欧洲也在积极发展氢气管道，其总长度已经达到 1770 千米。日本、韩国、澳大利亚等国家的氢气纯氢管道总长度大约为 190 千米。

2022 年 5 月，欧洲提出 2030 年前建立 5 个氢气供应长廊，到 2040 年，将建立一个长达 53000 千米的纯氢管网，氢气管网共连接 28 个欧洲国家，其中约 60% 的管道由现役天然气管道改造而成，其余为新建管道，氢气管网总投资达 80 亿~1430 亿欧元。2022 年 12 月，西班牙、法国、葡萄牙三国联合发起了 H2Med 项目计划，旨在从 2025 年开始，从葡萄牙至西班牙修建一条 248 千米的陆上氢气管道，从西班牙至法国修建一条455 千米的海底氢气管道。

我国纯氢管道建设处于起步阶段，规模较小，现有氢气输送管道总里程约为 400 千米，主要分布在环渤海湾、长三角等地区。目前国内已建成的纯氢管道仅 3 条，我国自主建设的典型输氢管道有 2 条，分别是 2014 年建成投产的中国石化巴陵石化的巴陵—长岭输氢管道、2015 年建成投产的中国石化洛阳分公司的济源—洛阳输氢管道。

目前我国规划建设的纯氢管道总长度超过 1400 千米。2023 年 4 月 10 日，中国石化宣布，“西氢东送”输氢管道示范工程已被纳入《石油天然气“全国一张网”建设实施方案》，标志着我国氢气长距离输送管道进入新发展阶段。“西氢东送”起于内蒙古自治区乌兰察布市，终点位于北京市的燕山石化，管道全长为 1152 千米，是我国首条跨省区、大规模、长距离的纯氢输送管道。管道建成后，将替代京津冀地区现有的化石能源制氢及交通用氢，大力缓解我国绿氢供需错配矛盾，对今后我国跨区域氢气输送管网建设具有战略性的示范引领作用，助力我国能源转型升级。

第六章

适度超前开展能源基础设施建设投资分析

一、能源基础设施投资情况

（一）煤炭基础设施投资情况

从煤炭行业固定资产投资情况来看，2000—2005 年，我国煤炭采选业投资快速增长，2004 年增速达到 69.7%。2005—2011 年，我国煤炭采选业投资增速逐步下降，基本稳定在 30%左右。从 2011 年开始，我国煤炭采选业投资总量快速下降，投资增速由正转负，2016 年降至 -24.4%。2016 年至今，我国煤炭采选业固定资产投资增速逐步由负转正（见图 6-1）。2023 年，煤炭产业投资呈现较强韧性，固定资产投资增速为 12.1%，增幅比 2022 年回落 12.3 个百分点，其中民间固定资产投资增长 3.3%，增幅比 2022 年回落 35.7 个百分点。

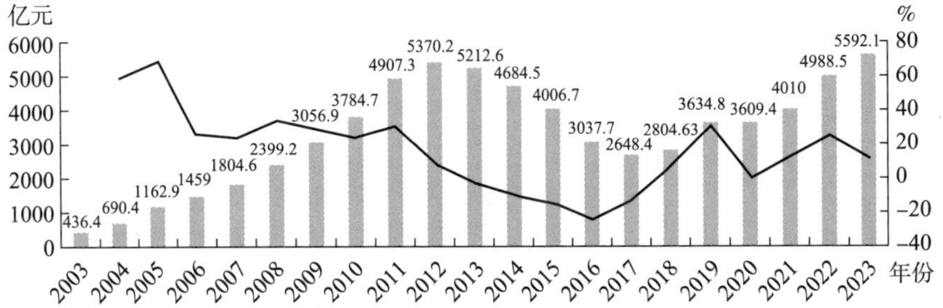

图 6-1　2003—2023 年我国煤炭采选业固定资产投资情况

资料来源：笔者根据国家统计局数据、《2020—2023 年中国煤炭工业经济运行报告》绘制。

从新建矿井投资情况来看，吨煤产能资金需求增长较快。根据国家发展改革委、国家能源局项目核准批复相关信息测算，2011 年内蒙古新建煤矿项目吨煤投资约为 336 元（内蒙古准格尔矿区龙王沟矿井项目）；2022 年内蒙古新建煤矿项目吨煤投资约为 1067 元（内蒙古纳林河矿区陶忽图煤矿项目），增长超过 2 倍。2011 年，陕西省新建煤矿项目吨煤投资约为 565 元（陕西榆神矿区香水河煤矿项目）；2022 年，陕西省新建煤矿项目吨煤投资约为 1243 元（陕西榆横矿区南区海则滩煤矿项目），增长超过 1 倍。

（二）油气基础设施投资情况

从油气行业固定资产投资情况来看，2016 年开始，受低油价冲击，国内油气勘探开发投资持续下降，原油产量连续 3 年下滑，天然气对外依存度快速攀升，能源安全隐患加剧。2019 年，国家能源局制定了油气行业增储上产“七年行动计划”，强调石油企业要落实增储上产主体责任，国内石油企业加大勘探开发资金和科技投入力度，原油产量止跌回升。中国石油集团经济技术研究院统计数据显示，2022 年我国油气企业上游投资约为 3700 亿元，同比增长 19%（见图 6-2）。其中，勘探投资约为 840 亿元，创历史最高水平；开发投资约为 2860 亿元，投资增量主要用于超深层、深水、页岩油气等领域的勘探开发。与此同时，石油企业积极推进海外新项目投产和现有项目增产，2022 年海外油气权益产量达1. 85 亿吨，同比增长 2. 7%。

2022 年，我国原油年产量达到 2. 05 亿吨。其中，海洋原油产量达 5800 万吨，成为原油增产的主力军；页岩油产量突破 300 万吨，较 2018 年翻了两番。新疆富满、顺北等大型油气田取得重要突破，发现规模优质储量。以大庆、胜利为代表的老油气田，不断突破开发极限，保持产量硬稳定。2022 年，我国天然气年产量达到 2201 亿立方米，其中页岩气产量达到 240 亿立方米，加快向深地发展。

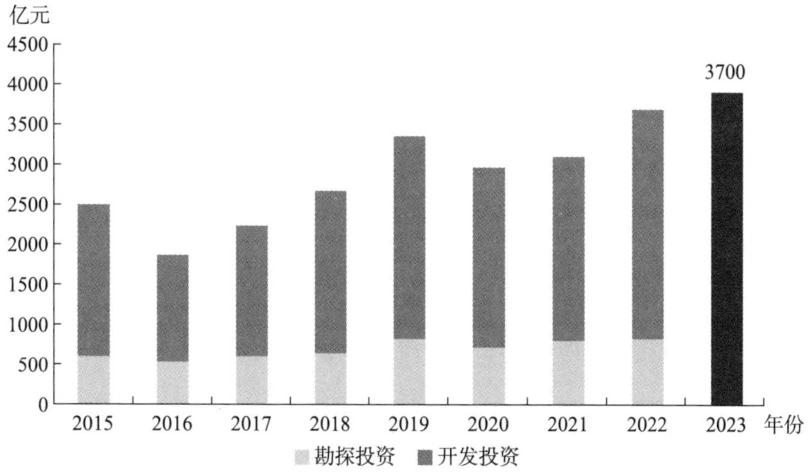

图 6-2　2015—2023 年我国油气勘探开发投资情况

资料来源：笔者根据《全国石油天然气资源勘查开采通报》绘制。

（三）电网基础设施投资情况

从电网基础设施投资情况来看，2023 年电网基本建设投资完成 5275 亿元（见图 6-3）。其中，直流工程投资达 145 亿元，同比下降 53.9%；交流工程投资达 4987 亿元，同比增长 10.7%，占电网总投资的 94.5%。

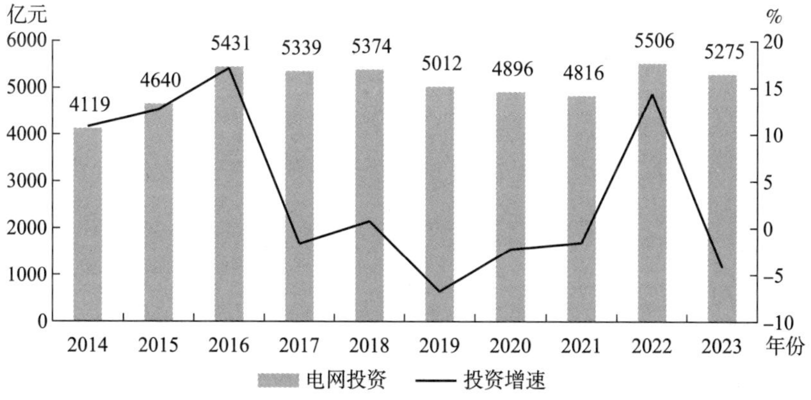

图 6-3　2014—2023 年我国电网基本建设投资情况

资料来源：笔者根据国家能源局公开数据绘制。

10 年来，电力行业投资结构出现较大变化，2014 年以前，电源投资高于电网投资；自 2014 年起，电网投资反超电源投资，2018 年二者之差达到历史最高；经过两年的快速增长，2020 年电源投资重新超过电网投资。“十四五”时期，电源投资占比持续提升，2023 年较电网多投资 4400 亿元，绝对值差距连续拉大。

从配电网投资情况来看，2023 年电网企业进一步加强农网巩固提升及配网投资建设，110 千伏及以下等级电网投资 2902 亿元，占电网工程投资总额的 55.0%。2024 年，国家发展改革委、国家能源局联合印发《关于新形势下配电网高质量发展的指导意见》，电网企业加快开启配电网投资改造升级。国网江苏省电力公司提出，2024—2025 年配电网计划投资约 400 亿元；2026—2030 年，配电网计划投资约 1100 亿元，合计 1500 亿元。南方电网公司全面推进电网设备大规模更新，预计 2024—2027 年，大规模设备更新投资规模将达到 1953 亿元，其中配电网可靠性提升工程投资比重达到 14.66%。

（四）电源基础设施投资情况

从电源基础设施投资情况来看，2023 年电源基本建设投资完成 9675 亿元，同比增长 30.1%；占电力投资的比重为 64.7%，较上年增加 4.8 个百分点。其中，非化石能源发电投资同比增长 31.5%，占电源投资的比重达到 89.2%。光伏发电、风电、核电、火电、水电投资同比分别增长 38.7%、27.5%、20.8%、15.0%、13.7%。

从电源基础设施投资结构来看，“十二五”以来，我国新能源投资力度加大，2019 年、2020 年、2021 年风电和光伏发电投资额占电源投资总额的比重分别为 47.4%、61.9%、58.8%。近年来，风电、光伏发电投资占比持续提升。2023 年，风电、光伏发电投资额已达到电源投资总额的 3/4，水电、火电、核电投资额占比分别为 10.2%、10.6%、9.8%。

1. 风电、光伏基础设施投资建设情况

2023年新能源基地相继建成投产，包括全国首批首个备案、开工“沙戈荒”新能源基地及“宁电入湘”重点配套项目——国家能源集团宁夏腾格里沙漠新能源基地一期100万千瓦光伏项目并网发电；全国首批以“沙戈荒”地区为重点的大型风电光伏基地项目之一——中国广核集团兴安盟300万千瓦风电项目全容量并网，成为我国在运最大陆上风电基地。截至2023年11月底，我国第一批大型风电光伏基地已建成并网4516万千瓦，第二批、第三批已核准超过5000万千瓦，正在陆续开工建设。此外，雅砻江柯拉一期光伏电站并网发电，首次将全球水光互补规模提升到百万千瓦级。2023年我国风电投资为3301亿元，在2022年2011亿元高投资强度的基础上，实现了1290亿元的增长，同比增长64.1%（见图6-4）；2023年我国光伏发电投资为3974亿元，同比增长38.7%（见图6-5）。

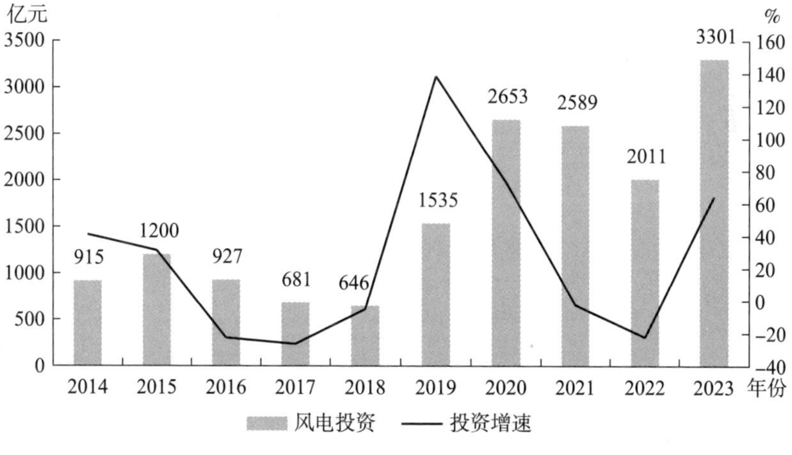

图6-4　2014—2023年我国风电投资情况

资料来源：笔者根据国家能源局公开数据绘制。

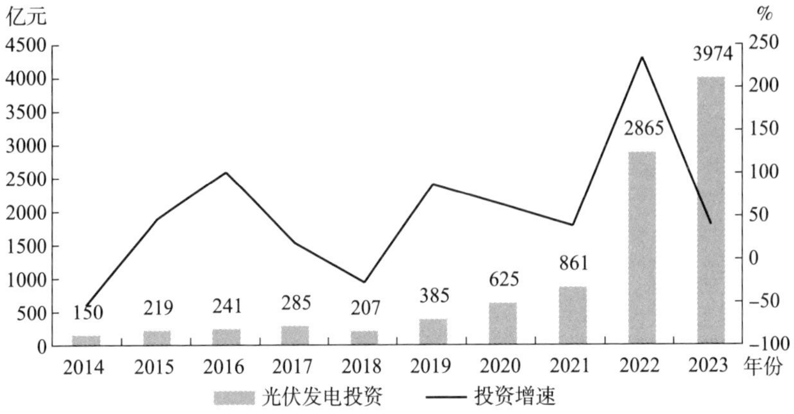

图 6-5　2014—2023 年我国光伏发电投资情况

资料来源：笔者根据国家能源局公开数据绘制。

2. 火电基础设施投资建设情况

2015—2020 年，我国火电投资规模连续 5 年下降。2022 年，我国火电投资规模回升至 872 亿元。2023 年以来，电煤价格震荡下行，加之燃煤发电机组市场交易电价有所上浮，火电企业亏损情况有所缓解；同年，国家发展改革委、国家能源局印发《关于建立煤电容量电价机制的通知》，进一步增强相关企业对火电投资的积极性。2023 年，我国火电投资规模达到 1029 亿元，同比增长 18.0%（见图 6-6）。

3. 水电基础设施投资建设情况

2023 年底，我国已建抽蓄装机规模超 5000 万千瓦，已在建（核准）项目正式超过 2 亿千瓦。主要有西北首座抽水蓄能电站——新疆阜康抽水蓄能电站投产发电；西南首座百万千瓦级大型抽水蓄能电站——重庆蟠龙抽水蓄能电站投产发电，实现西南电网调节性电源新突破；东北最大的抽水蓄能电站——辽宁清原抽水蓄能电站投产发电，东北电力系统更加灵活；山东文登抽水蓄能电站、河南天池抽水蓄能电站机组全部投产发电。2023 年我国水电投资 991 亿元，同比增长 13.6%（见图 6-7）。其中抽水蓄能投资同比增长 40%，占水电投资的比重为 46.7%。

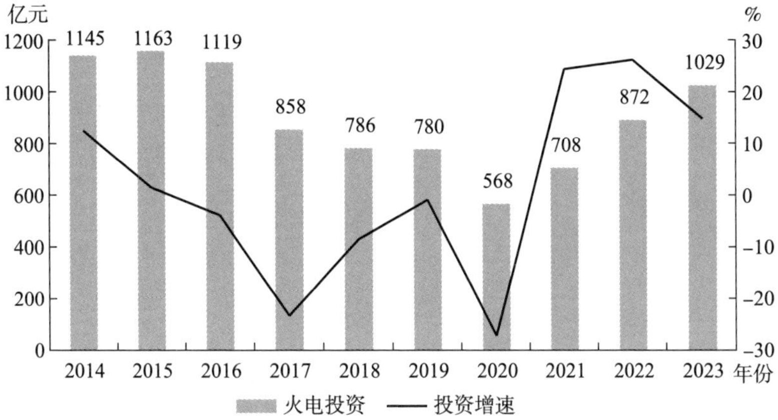

图 6-6　2014—2023 年我国火电投资情况

资料来源：笔者根据国家能源局公开数据绘制。

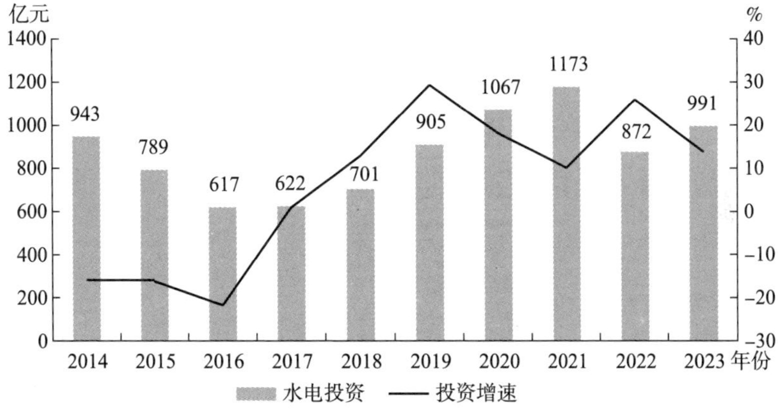

图 6-7　2014—2023 年我国水电投资情况

资料来源：笔者根据国家能源局公开数据绘制。

4. 核电基础设施投资建设情况

2023 年，核电新投产 2 台机组，分别为我国西部地区首台华龙一号核电机组——中国广核集团广西防城港核电站 3 号机组，该机组于3 月正式投产，并具备商业运行条件；全球首座第四代核电站——华能山东荣成石岛湾高温气冷堆核电站，已完成168小时连续运行考验，正式投入商业运行，标志着我国在第四代核电技术研发和应用领域达到世界领先水平。广东、海南、福建等省在建核电项目全面推进，12月29日国务院常务会议决定核准广东太平岭、浙江金七门核电项目。2023年核电投资额达949亿元，同比增长20.9%，投资规模为近10年最高水平（见图6-8）。

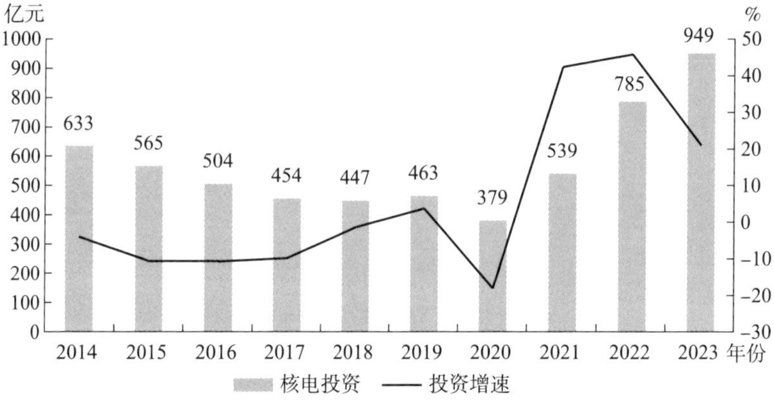

图6-8　2014—2023年我国核电投资情况

资料来源：笔者根据国家能源局公开数据绘制。

二、能源基础设施融资模式

（一）煤炭基础设施融资模式

1. 内部融资

内部融资是煤炭企业获取资金最便捷的融资渠道，内部融资方式分为提留盈余公积和股东定向融资两种。内部融资具有融资风险小、融资成本低的优势，是煤炭企业融资的首选渠道。煤炭企业可以在近年经营业绩较好、面临短期资金短缺的情况下采用内部融资方式。

2. 银行贷款

银行贷款是煤炭企业最常用的融资方式，煤炭企业向银行提出贷款申请，提交企业近几年财务报表以及其他基础信息资料，由银行放贷部门审核企业相关资料，评定信用等级，按照授信额度发放贷款。银行贷款融资的利率合理、操作便捷、审批时效快，在煤炭企业融资总额中的占比较高。但是，银行贷款融资通常设置较多的限制性条款，对资金使用范围和其他债务要求较为苛刻，需要煤炭企业强化贷款资金的使用管理。

3. 融资租赁

煤炭企业选择好租赁物和出卖人，向出租人提出租赁申请，由出租人向出卖人购买租赁物，将租赁物给煤炭企业使用，出租人向煤炭企业收取租金。在融资租赁合同有效期内，煤炭企业对租赁物有使用权、收益权和占有权。融资租赁是一种缓解煤炭企业一次性支出大额资产购置资金的融资方式，当前煤炭企业可以采用融资租赁方式绕过贸易壁垒，从发达国家引入先进采掘设备、运输设备，提高自身生产技术水平。

4. 股权融资

在权益性融资中，煤炭企业可以选择私募股权、公募股权两种融资方式获取资金。私募股权需要煤炭企业私下联系风投公司或基金公司，以不公开的方式出售一部分股权，这种股权融资方式门槛较低，煤炭企业较常采用；公募股权融资方式分为A股上市和创业板上市，A股上市的门槛较高，适用于大型有实力的煤炭企业。中小煤炭企业适用于创业板上市，从股票市场公开募集资金。股权融资虽然能够增加企业资本金，满足企业发展需求，但会增加所有者权益，要求股东均摊通过股票发行筹集资金产生的盈亏。

5. 供应链融资

在煤电一体化背景下，煤炭企业在供应链中占据着重要位置，当煤炭企业出现资金短缺问题时，可以借助供应链进行融资。例如，煤炭企业采用仓单融资方式抵押存货获取资金；采用应收账款融资方式将下游电厂、钢厂等企业的应收账款债权质押给金融机构获取资金；采用预付款融资方式向银行申请贷款，由银行直接向煤炭企业供应链中的上游核心企业拨付融资款项。

6. 基金融资

现阶段，我国商业银行在政策导向下纷纷设立高新技术产业调整基金，并按照新增存款的比例设立风险投资基金，用于支持高新技术产业发展。当煤炭企业在科技创新研发项目中遇到资金问题时，可以向对口的基金提出资金需求，降低科技创新项目的融资成本。

7. 债券融资

煤炭企业可以采用发行中长期债券的方式获取所需资金，这种融资方式适用于大型生产项目投资，并且融资成本相对较低，能够确保煤炭企业一次性获得大规模资金以满足经营发展所需。债券融资属于直接融资，与信贷融资相比，其融资期限更长，资金来源更加稳定，资金使用不受债权人的具体限制。此外，债券融资还具备税盾作用、财务杠杆作用以及资本结构优化作用，是一种拥有诸多优势的融资方式。

（二）油气基础设施融资模式

1. 内部融资

内部融资额是企业留存收益和累计折旧摊销额之和。石油石化企业的内部融资能力普遍较弱，企业用于生产经营的资金缺乏，一方面与石油石化企业的生产项目资金投入大且资金周转期比较长有关；另一方面受国际原油价格持续走低影响，企业的盈利能力受损，企业的内部融资不能满足企业日常的生产经营活动。2006—2015 年石油石化企业整体融资结构现状见表 6-1。

表 6-1　2006—2015 年石油石化企业整体融资结构现状　%

年份	内部融资率	债务融资率	股权融资率
2006	14.69	53.68	31.63
2007	14.97	53.22	31.82
2008	15.92	50.53	33.55
2009	15.84	50.92	33.25
2010	14.22	49.13	36.65
2011	14.45	48.51	37.04
2012	14.38	50.79	34.84
2013	14.17	54.11	31.72
2014	14.75	54.56	30.69
2015	14.44	54.80	30.77
均值	14.69	52.08	33.23

资料来源：《石油石化企业融资结构与企业绩效关系研究》。

2. 债务融资

债务融资是目前“三大油”常见的融资方式，由于油气基础设施庞大的资金需求，油气基础设施公募债务融资在加大直接融资力度的同时，也给银行债券，尤其是发行承销等业务带来较大的发展机遇。例如，中国石油于 2010 年发行规模达 900 亿元的短期和超短期融资券，同期银行贷款余额为 953.37 亿元；2011 年发行中期票据 1250 亿元，同期银行贷款余额为 1218 亿元；2012 年发行企业债券 2400 亿元，同期银行贷款余额为 1327 亿元；2012 年底的统计结果显示，其非流动负债中应付债券余额约为银行贷款余额的 3 倍。

从债务融资期限分析，石油石化企业的短期负债比率非常高，2006—2015 年其短期负债比率均超过 80%，短期负债比率的均值达到 82.30%，而长期负债比率均值较低，仅为 17.70%，不及短期负债比率的 1/4，部分企业甚至不存在长期负债。从债务融资类型分析，石油石化企业采用商业信用融资和银行贷款融资的比率较高，2006—2015 年其商业信用融资率为 39.12%，银行贷款融资率为 35.10%，而企业债券融资率所占的比重最小，仅为 3.27%（见表 6-2）。

表 6-2　2006—2015 年石油石化企业债务融资结构现状　%

年份	长期负债比率	短期负债比率	银行贷款融资率	企业债券融资率	商业信用融资率
2006	13.53	86.47	35.90	2.09	35.82
2007	15.15	84.84	35.34	2.66	36.16
2008	16.09	83.91	37.85	1.76	36.27
2009	18.63	81.37	36.02	2.81	36.80
2010	17.04	82.96	29.46	2.25	43.62
2011	18.14	81.86	32.31	2.33	43.53
2012	16.89	83.11	32.95	4.07	42.33
2013	18.91	81.09	37.98	4.58	38.85
2014	19.85	80.15	34.92	4.25	39.22
2015	18.91	81.09	38.87	3.94	35.36
均值	17.70	82.30	35.10	3.27	39.12

资料来源：《石油石化企业融资结构与企业绩效关系研究》。

3. 股权融资

在股权集中程度方面，2006—2015 年石油石化企业第一大股东持股比例变动趋势不明显，在 37.67%~41.00%波动，处于比较稳定的状态，第一大股东持股比例的均值为 39.83%。总体来说，石油石化企业的股权结构较为集中，属于相对集中型股权结构，有利于石油石化企业的经营管理。目前，除了少数几家国有大型石油石化企业属于国有股占主导地位，大部分石油石化企业完成了股权分置改革，实现了股票在证券交易所的流通。

专栏 6-1　新疆宝明矿业油页岩（一期）综合开发利用项目股权融资案例

2013 年，为投资新疆宝明矿业油页岩（一期）综合开发利用项目，辽宁成大集团有限公司拟增募资 18 亿元，上海海博鑫惠和巨人投资两家公司认购，其中巨人投资认购 6500 万元，上海海博鑫惠认购剩余，分别占得 4.32%和 4.98%的股份。辽宁成大集团最后将筹集资金中的 12 亿元用于新疆宝明增资，此募资后，辽宁成大集团持有新疆宝明近 60.5%的股份。

（三）电网基础设施融资模式

1. 内部融资

电网企业内部融资渠道通常为公司内部的折旧积累和留存利润。受《企业会计准则》中规定的折旧政策影响，企业内部折旧积累留存利润的大小受到企业营利性和成长性的影响，因而，影响电网企业内部融资能力的主要因素是企业的盈利能力和发展能力。电网企业的自有资金能否满足新建项目的资本金需求是考验电网企业内部融资能力的关键。按照项目资本金制度的要求，新建项目时，企业需以自有资金方式投入项目总投资 20%以上的资金，剩余资金可以债务方式筹集。随着电网投资规模扩大，电网企业的财务费用、运行维护费用等开支不断增加，企业经营压力增大，按现有资产回报率和折旧率产生的资金远不能满足电网建设需要。

2. 银行贷款

商业银行贷款是传统的融资渠道，也是企业最主要和最可靠的融资方式。电网企业作为国民经济的支柱企业，其建设融资离不开国有商业银行的支撑。电网企业易获得商业银行贷款，但是商业银行贷款需要相应的项目建设自有资金先行到位，因此仅靠商业银行的贷款无法从根本上解决电网企业的融资需求，加之中央银行对通货膨胀的管理力度加大，银行利率和存款准备金率存在上升的可能，也将使电网企业从商业银行融资的难度和成本增加。以国家电网公司为例，相关数据显示，截至2024年4月，其有息贷款余额约为1.2万亿元，其中，银行贷款额达8885亿元。

3. 债券融资

债券发行是电网企业基建融资的重要手段。一方面，发行规模波动上升，主要为基础建设项目补充营运资金。2018年至2023年7月，电网企业的经营规模不断扩大，新项目投产、电力采购、电力输送及其他正常生产经营的流动资金占用不断增加，对企业的营运资金提出较高要求。除2021年总体发行额较高之外，电网企业年度发行债券规模的上升趋势较为稳定，年均增速均超过50%。债券融资已成为电网企业融资的重要方式，主要用于电网项目建设，近两年募集的资金也有部分直接用于新能源、智能电网、乡村振兴等新兴项目建设。

另一方面，发行的债券主要为超短期融资债券，整体期限较短。2018年至2023年7月，电网企业共发行381只债券，其中超短期融资债券有244只，数量占比达64%，是电网企业最为常用的债券工具，这主要是由于超短期融资债券利率低、期限灵活。占比较高的还有一般中期票据和一般短期融资券，分别发行52只、46只，占总数的比重分别为14%、12%。超短期融资债券、一般中期票据与一般短期融资券的发行数量合计占总量的90%。由于企业债的发行程序较为复杂，发行条件更为严苛，债券期限通常为5~10年，电网企业发行企业债占比较低，其更倾向于发行融资效率高、募集资金使用灵活的其他债券。在电网企业发行的债券中，期限在1年及以下的债券发行规模为13480亿元，占发行总量的83%，占比最大；期限在1~3年（含）和3年以上的债券发行规模分别为1595亿元和1230亿元，分别占发行总量的10%和7%。

专栏 6-2　国家电网碳中和债券

2021 年，“国家电网有限公司 2021 年度第一期绿色中期票据（碳中和债）”在银行间债券市场成功发行，期限为 2 年，募集资金 50 亿元，票面利率达 3.26%，创银行间和交易所债券市场推出碳中和债以来，单期发行规模最大、票面利率最低等纪录。

募集资金已足额到账，将有效保障白鹤滩—江苏±800 千伏特高压直流输电工程换流站及部分输电线路项目、南昌—长沙 1000 千伏交流输电工程、雅中—江西±800 千伏等特高压直流输电工程建设。

据测算，上述 3 条特高压输电工程节约的线损电量与受电端区域同等火力发电上网电量相比，每年可减排二氧化碳分别为 12.68 万吨、10.89 万吨和 53.73 万吨，合计每年减排二氧化碳 77.3 万吨。

单位：亿元

项目名称	总投资		自有资金		融资金额		募资	开工时间	投产时间
	全部	已投入	全部	到位	全部	到位			
白鹤滩—江苏	193.48	11.84	38.70	11.84	154.78	0	50.00	2020 年 12 月	2022 年 9 月
南昌—长沙	101.77	0	20.83	0	80.94	0		2021 年 1 月	2022 年 10 月
雅中—江西	253.59	164.96	48.85	48.85	204.74	116.11		2019 年 8 月	2019 年 9 月

（四）新能源基础设施融资模式

1. 政府投资

财政拨款和专项债是政府在推动新能源项目发展过程中常用的两种资金筹集方式。财政拨款是指政府直接利用财政资金进行建设投资，适用于公益性较强、收益回报时间较长的项目。这种方式的优势在于项目启动速度快，政府可以控制项目进展；劣势是财政资金有限，对项目选择较为严格。

专项债是指政府发行专门用于特定项目的债券，用于满足具有稳定收益来源和一定公益属性的项目需求。地方政府专项债中已纳入了新能源项目，主要集中在能源、市政和产业园区基础设施、交通基础设施等领域，期限以10年期到20年期为主。根据2024年政府工作报告，未来几年还将发行超长期特别国债，专项用于国家重大战略实施和重点领域安全能力建设。

以内蒙古自治区为例，2024年内蒙古自治区五大任务建设项目专项债券（三期）—2024年内蒙古自治区政府专项债券（六期）发行规模达8.96亿元，纳入蒙苏经济开发区零碳产业园新能源基地建设项目，本只专项债券中用于该项目的金额为2000万元，约为此次专项债总金额的2.2%。

2. 特许经营

政府或企业将控制的存量屋顶资源转让给特许经营者，特许经营者向政府或企业方支付特许经营费，利用存量屋顶资源投资建设运营屋顶光伏项目，并取得经营收入，期满后将屋顶资源和屋顶光伏项目无偿、完好地一并移交给实施机构或政府指定部门。根据相关的政府招标文件，目前特许经营模式多以整县项目为主，经营年限为25~30年，部分地方政府明确的特许权经营费为2.0亿~9.5亿元不等，单瓦2.0~4.5元不等。多地区已执行分布式光伏配置储能政策。

以柳州市政府控制建筑屋顶资源（光伏项目）为例，项目采用购买经营权—建设—运营—移交运作方式。实施机构将柳州市政府控制的存量屋顶资源转让给经营权者，经营权者同时获得利用屋顶资源建设运营光伏项目经营权，向政府方支付经营权费；经营权者利用存量屋顶资源投资建设运营屋顶光伏项目，并取得经营收入，期满后根据实施机构意见将屋顶资源和屋顶光伏项目无偿、完好地一并移交给实施机构或由经营权者拆除恢复原状。其中，柳州市北城绿色能源有限责任公司的投标报价为16.2亿元，经营年限为30年。

3. 股权合作

新能源公司运作模式（股权合作）是一种多方共同出资成立新能源公司的合作模式，适用于建设千万千瓦级清洁电力基地和地热资源大规模开发商业化利用等大型新能源产业。这种模式由能源公司、地方政府控股企业和金融公司等多方共同出资成立新能源公司，以新能源公司的名义开展新能源项目。

首先，新能源公司在这种模式中扮演着核心技术掌握者和新能源业务建设、管理、运营经验持有者的角色，能够提高合资公司的市场竞争能力。其次，地方政府控股企业具有地方政府背景和资源优势，与其合作有助于合理规避政策风险、获取上网指标，并且可以提高项目相关手续的办理效率，为企业发展创造良好的外部环境。最后，金融公司在这种模式中可以解决部分资金难题，具有相关资本运作经验和资金优势。

专栏6-3 库布齐基地“风光火储”一体化外送项目

库布齐基地“风光火储”一体化外送项目，位于内蒙古自治区鄂尔多斯市达拉特旗，共建设光伏800万千瓦、风电400万千瓦、光热20万千瓦，配套煤电项目400万千瓦及新型储能500万千瓦时。所发电力拟通过已纳规的蒙西—京津冀±800千伏特高压直流输电工程外送至京津冀地区消纳。

三峡陆上新能源投资有限公司与内蒙古能源集团有限公司合资成立内蒙古三峡蒙能能源有限公司，其中，三峡陆上新能源投资有限公司持股56%，内蒙古能源集团有限公司持股44%。项目动态投资金额为7979185万元。其中，项目资本金占投资金额的20%，为1595837万元，由股东按照持股比例出资；项目建设所需其余资金通过银行贷款、融资租赁等方式解决。

4. 银行贷款

我国新能源企业融资，仍然以银行特别是政策性银行贷款为主，主要包括政策性贷款和商业贷款。其中，新能源企业贷款近6成来自政策性银行。但商业银行作为企业，盈利也是其目标，所以商业银行为新能源企业提供贷款也建立在资金安全性预期的基础之上，大多数商业银行对新能源企业提供资金支持是将此视为履行社会责任的一部分。由此，商业银行将资金更多地投向安全性高的大型新能源企业，特别是大型国有企业投资的新能源项目；而新能源中小企业经营能力偏低，项目投资回报率低，投资风险相对较高，企业通过商业银行贷款面临较高的融资成本，很难得到商业银行大量持续的信贷资金支持。目前，许多银行推出"光伏贷"产品，助力企业进行分布式光伏建设。

专栏6-4　银行光伏贷产品案例

华夏银行光伏贷：华夏银行为分布式光伏电站个人农户提供融资，以其发电并网的收益及国家、省市各级地方政府的补贴款作为第一还款来源，同时根据农户个人资信情况及实际需要，追加个人或相关人员的连带担保。例如，某农户屋顶面积为40平方米左右，可安装24块光伏板，按照260瓦/块测算，整套发电系统有6240瓦，总投资约为5.3万元。华夏银行提供给该农户5.3万元全额的光伏贷款，贷款期限为10年，纯信用方式。还款来源为每个月的发电并网收益及政府财政补贴。

上海市阳光贷：该项目是上海市各商业银行为上海市注册的中小企业投资建设分布式光伏项目提供信贷产品。贷款额度为单笔贷款金额不超过项目投资额的70%，单个公司担保贷款余额累计不超过2000万元。贷款期限有1年期到5年期不等，企业可以自由选择。贷款利率原则上为基准利率（最高浮动不超过15%），担保公司按照1%的年费率收取担保费。

武汉农商银行光伏贷：重点支持农户及小微企业主建造的分布式光伏发电项目。此项贷款额度控制在安装光伏设施总额的100%以内，个人贷款原则上不超过10万元，企业贷款原则上不超过30万元，最长期限可达5年。

5. 融资租赁

融资租赁是一种新型金融产品，将融资和融物合二为一，主要包括直接租赁和售后回租两种模式。直接租赁模式适用于拥有自有厂房的工商业光伏项目和中小型光伏项目。在这种模式下，融资租赁的资金来源灵活，限制条件较少，相对容易获得融资，但在租赁开始时需要支付一定的保证金。此外，工程总承包（EPC）承包商在这种模式下的选择权受到一定限制。市场上已有多家融资租赁公司开始涉足风光水电、储能业务，助力企业建设光伏、风电、储能电站等。售后回租模式则是指企业先购买设备或资产，然后将其出售给融资租赁公司，再立即租回并继续使用。在这种模式下，企业可以通过出售闲置资产获取资金，同时继续使用这些资产进行经营，实现资金与资产的双重优化配置。

专栏6-5　新能源项目融资租赁案例

直接租赁：中信金租与国电投、隆基合作，通过直租模式建设合计600兆瓦“光伏+储能”电站，在项目建设初期通过融资租赁形式提供资金支持，且在提供光伏设备上提供重要保障。根据国电投和隆基的实际情况，该项目配有针对性的绿色融资租赁方案，包括资金利率、租期、租金回收方案等均与建设进度相匹配，以降低企业资金占用成本。在绿色融资租赁方式的支持下，该目于2022年如期建设完成，并于当年成功并网。

售后回租：平安租赁与青海省格尔木某光伏电站合作，向其投放1000万元资金以协助其缓解流动性风险。由于新能源补贴资金缺口的影响，青海省格尔木某装机量30兆瓦的光伏发电站在并网后有超过5000万元的补贴资金未到位，导致该项目日常运营资金缺口达1000万元。平安租赁根据电站资金数及时间需求，以盘活补贴的信用结构为其提供回租服务，资金投放额达1000万元，该举成功盘活电站存量资产。

6. 股票上市

我国新能源产业直接融资主要通过国内和国外资本市场，企业通过发行股票以股本的方式筹集到资金，并且以股份方式筹集的资金企业无须还本付息，能够在很大程度上解决企业的资金难题。因此，国内众多企业希望通过资本市场进行融资，但我国资本市场发展缓慢，进入门槛较高，且首次公开募股（Initial Public Offerings，IPO）资格审查通道拥挤、周期长，再加上国内多层次资本市场建立还不完善，仅有少部分新能源企业能够进入资本市场进行融资。

7. 风险投资

新能源产业具有高风险和高回报特征，是国际风险资本青睐的潜在投资领域。据有关研究，在国外上市的我国新能源企业，上市前均获得私募和创投的资金注入，其中外资占有较高的比例。我国新能源产业特别是风能、光伏太阳能和生物质能领域，包含许多亟须研究开发的新技术、新设备、新产品，一旦研发成功，必然能够实现产业化发展，并带来高额回报。

三、适度超前开展能源基础设施建设投资测算

投资规模测算将综合考虑产能规模与成本。一方面，产能规模的分析

主要基于上述中长期情景分析与问题挑战分析。另一方面，成本主要受技术进步和外部成本两大因素驱动。在技术进步驱动下，能源创新能力不断提升，初始投资成本呈下降趋势，这在以可再生能源发电为代表的电力生产设施方面表现得尤为明显；而在外部成本驱动下，能源基础设施的建设受到土地、环境、安全等多方面约束，初始投资成本不断上升，这在以油气管网、输电线路为代表的资源调配型设施中表现得更为突出。对于技术进步驱动下的能源投资，其投资成本演化主要采用当前已有项目数据与模型测算相结合的方式。对于外部环境驱动下的能源投资，其投资成本演化主要采用当前已有项目数据与专家意见相结合的方式。

（一）煤炭基础设施投资预测

分析煤炭行业历史产能和投资数据可知，“黄金十年”期间，我国煤炭产能从 30 亿吨/年扩展到约 50 亿吨/年，煤炭行业固定资产投资累计超过 3 万亿元，每亿吨产能净增长需要 1500 亿元固定资产投资。“十三五”以来，我国通过推动煤炭领域供给侧改革，化解过剩产能、淘汰落后产能，加快建设煤炭先进产能，累计退出煤炭产能 10 亿吨/年，新建［含改（扩）建］产能约 13 亿吨/年，煤炭有效产能总量维持在 53 亿吨/吨左右，其间煤炭行业固定资产投资累计约 2.4 万亿元，初步匡算每亿吨产能退出和产能新增分别需要投资 450 亿元和 1500 亿元。推动实现碳达峰目标，在保障能源安全的前提下，“十四五”末我国需要维持煤炭有效产能 50 亿吨/年，“十五五”末可能维持 45 亿吨/年水平。2023—2030 年煤炭行业累计固定资产投资额约为 1.3 万亿元，考虑新技术应用、装备更新、环境治理、安全保障等费用，预计年均投资额在 3000 亿元/年以上，叠加煤炭产供储销基础设施及配套建设，预计碳达峰前我国煤炭产业年均固定资产投资额为 4000 亿元/年。

（二）油气基础设施投资预测

油气上游勘探开发、推动增储上产的目标为“十四五”时期保持原油2亿吨左右产量，天然气产量到2025年提升至2300亿立方米，“十四五”时期投资为2万亿元左右。油气管网设施，保安全、促发展的目标为天然气管道里程增加超3万千米，“十四五”时期投资为5000亿元左右。油气储备设施，保障底线安全的目标为石油储备要进一步提升战略石油储备（SPR）和商业储备，天然气储备调峰能力提高至13%以上，“十四五”时期约需3600亿元。

（三）电力基础设施投资预测

电力领域“十四五”时期年均投资规模约为1.8万亿元，其中风电4300亿元、太阳能发电2670亿元、水电1350亿元、核电740亿元、火电1910亿元、电网7000亿元。“十五五”时期电力领域年均投资规模约为2万亿元，其中风电5400亿元、太阳能发电2730亿元、水电1630亿元、核电1830亿元、火电740亿元、电网8000亿元。

（四）能源基础设施投资预测

“十四五”时期能源领域年均投资需求将超过3万亿元，较“十三五”时期有较大提升，从“十四五”开局两年来看，年均投资额与测算值尚存在一定的差距。从投资重点来看，“十四五”时期电力领域相较于“十三五”时期将增加50%左右。“十五五”时期能源领域年均投资需求有望进一步增长至3.5万亿元以上，较“十四五”时期进一步提高（见表6-3）。总体来看，预计2021—2035年，统筹推进集中式与分布式能源基础设施发展将进一步完善全国能源基础设施骨干网络。2036—2045年，随着西南水电、沿海核电、西部大型风光基地建设稳步推进，既有基础设施脱碳改造步入成熟期，总体投资规模在波动中维持高位。2046—2060年，各类技术投资建设成本稳步下降，跨区域、跨方式等重大能源基础设施布局趋于完善，总体投资规模稳步向下。

表 6-3　面向碳达峰阶段能源基础设施投资规模测算

主要方向	细分领域	2020 年规模	2025 年规模	2030 年规模	“十四五”时期投资规模（亿元）	“十五五”时期投资规模（亿元）
电源	风电（万千瓦）	28153	53000	80000	16000	27000
	太阳能发电（万千瓦）	25343	58000	90000	12000	13000
	常规水电（万千瓦）	33851	38000	42000	8500	8000
	抽水蓄能（万千瓦）	3149	6500	12000		
	核电（万千瓦）	4989	7000	12000	4000	9000
	火电	—	—	—	4000	3000
电网	—	—	—	—	46500	60000
煤炭					20000	20000
石油	增储上产				20000	20000
	输油管网（万千米）	5. 8	6. 6	7. 0	1000	500
天然气	输气管网（万千米）	8. 6	>11	>13	5000	4000
	LNG 接收站、储气库				2000	2000
能源储备	油气储备				3500	3000
	煤炭储备				4000	3000
储能	新型电储能（万千瓦）	—	>3000	>10000	2000	5000
	煤电灵活性改造（万千瓦）	4000	>50000	>80000	4000	2000
融合	私人充电桩数量（万座）	87. 3	>1000	>5000	1000	3000
	公共充电桩数量（万座）	80. 7	>250	>1000		
	换电站数量（座）	555	>3000	>5000		
	加氢站数量（座）	78	>300	>500		
5 年总计	—	—	—	—	153500	182500
每年平均	—	—	—	—	30700	36500

资料来源：笔者测算。

第七章

适度超前开展能源基础设施建设保障措施

一、推动政府和社会资本合作模式规范发展

（一）加大政府投资力度

1. 强化中央资金引领

从政府投资来看，应进一步优化整合基础设施相关专项资金，确保政府投资在结构优化的基础上更多地投向民生效益突出、绿色转型显著、安全保障可靠的能源基础设施领域，确保“双碳”目标要求下的能源基础设施投资总规模稳定递增，更好地发挥撬动社会资本的作用。中央预算内投资可以优先在能源民生基础设施提升工程、西部骨干电网补强工程、清洁能源基地送出工程、煤矿智能化升级改造及煤炭储备工程等领域给予支持，棚户区改造和老旧小区改造时将可再生能源建筑应用作为重点支持内容。

从政府性基金来看，应兼顾“双碳”目标要求，调整部分政府性基金使用范围，适当延长基金征收期限，重点在运营维护方面加大对惠民生、利长远的能源基础设施的支持力度。从地方政府专项债和土地出让收入来看，要充分结合“双碳”目标要求下能源基础设施的发展需求，调整地方政府专项债券适用领域和土地出让收入使用范围，扩大可用作项目资本金的范围，允许10%的土地出让收入用于支持绿色低碳基础设施项目，制定出台操作指引，加大地方政府可用资金对低碳发展的支持力度。

2. 优化政府投资方式

在中央预算内，设立新型基础设施产业化发展专项，重点支持能源基

础设施跨产业融合发展方向下的工程技术，推动相关基础设施的商业化应用和产业化发展。优化整合中央预算内投资相关专项设置，在现有专项中加大对绿色低碳的支持力度，支持资源型地区绿色低碳转型，在棚户区改造和老旧小区改造中将建筑节能作为重点支持内容。推进重大绿色低碳关键核心技术攻关和示范应用，支持绿色低碳重大科技基础设施建设。

鼓励省级地方政府加大对能源与环保、市政、水利等设施融合发展的区域性基础设施的直接投入，设立低碳基础设施项目风险分担基金，健全政府出资基金绩效考核机制，充分发挥地方政府出资绿色基础设施基金的创新引领作用，促进区域绿色低碳发展。鼓励各地区通过政府间协议完善区域间能源基础设施互联互通、供需衔接机制，推进跨区域协作发展。加大地方政府专项对低碳发展的支持，将地方政府专项债券资金可用作资本金的范围扩大到绿色低碳领域。发挥好政府性基金作用，调整部分基金使用范围，适当延迟征收期限，支持绿色低碳发展。鼓励各地区通过政府间协议完善生态补偿机制，推进森林碳汇跨区协作发展。对以地方事权为主或收益较好的基础设施建设和改造重点，由地方政府专项债券予以支持。

3. 完善政府投入机制

完善政府部门间低碳基础设施投入协调机制，能源、工业、交通、水利、住建和生态环境等重点领域细化本部门投资责任，建立多层级、多部门和多渠道协调机制，突出政府一钱多用、多钱一用。调整中央财政专项资金科目，增设低碳支出类级科目，将节能环保类级科目中低碳方面的级科项目归入其中，并增加低碳基础设施科目。

进一步强化地方政府低碳投资责任，从省级财政支持基础设施和产业发展的专项资金中拿出一定比例，重点用于支持本地区既有基础设施低碳化改造、零碳产业园区建设。对新建和改造基础设施项目实施差别化投资政策，存量改造项目以“资金激励”为主，新建项目以“规划引导、政策激励与约束并重”为主，从既有的财政性相关低碳发展资金中分离一部分专门用于既有基础设施低碳化改造。

4. 加强试点示范

按照实现“双碳”目标要求和实施路径，结合能源基础设施终端应用场景，构建中央和地方两级基础设施试点示范体系。中央层面要在地方申报的基础上，重点围绕跨部门、跨区域、跨方式等要求筛选能源领域国家重大基础设施示范项目。各省（区、市）要根据国家统一要求和标准，重点围绕既有基础设施低碳化改造、新型基础设施建设等方向确定本行政区基础设施试点示范项目。对于纳入的示范项目，中央按照试点项目的外部成本和示范效应，给予综合政策支持，政府相关部门按原有投资渠道，按照“一钱多用”的原则，加大对试点地区的投资倾斜力度。

（二）激发社会投资活力

在预算约束规范有效的基础上，允许地方政府以购买服务的形式支持社会资本参与公共基础设施建设运营。完善绿色基础设施基金认定标准，建立与绿色业绩挂钩的政策支持机制，鼓励社会资本设立绿色基础设施基金参与发展低碳经济。

进一步放宽市场准入，优化投资环境，完善碳排放标准，按照碳减排效益成本对等、风险激励有效的原则确定政府与社会资本在不同类型基础设施投资方面的事权边界和责任范围，使社会资本更多地向竞争性环节和向市场主体直接提供服务的基础设施项目集中。

实施新建和改造项目差别化投资政策，对存量改造项目发挥好政府的投资撬动作用，对增量项目发挥好政府规划等的预期引领作用，鼓励和引导社会资本加大投入。积极稳妥推进不动产投资信托基金（REITs）等资产以债券化方式盘活存量资产，筹集资金投向绿色低碳领域。

（三）引导国有企业投资

将基础设施高质量发展作为优化国有资本布局的重大方向，对标“双碳”目标要求，鼓励国有能源电力、石化、钢铁、有色、建材等企业结合自身优势拓展基础设施发展方向。推动国有能源企业储备基础设施管理模式创新，推动环渤海、长三角、珠三角等重点区域煤炭、油气储备设施资源的整合共享。

强化国有企业社会环境责任和减碳绩效要求，根据行业差异把基础设施项目的直接和间接减碳效果纳入国有企业领导干部经营管理考核体系。积极支持企业利用基础设施信托投资基金盘活存量资产，通过再投资推进基础设施绿色转型发展。

完善国有资本出资产业投资基金绩效管理，规范风险防控机制和科学决策容错机制，加快构建善于投资“小快灵”项目并适应市场风格快速切换的新型投资主体。在国有资本预算科目中，设立企业低碳转型发展专项资金，用于支持企业低碳发展。

鼓励通过企业联盟、联合实验室等方式建设绿色技术国家创新中心、国家科技资源共享服务平台，承担国家重大科技专项，推动跨界技术创新发展。支持不同层级政府国有企业通过兼并重组，淘汰落后产能，实施联合转型，提高减碳效益。鼓励国有企业出资绿色产业投资基金，加强风险防控，健全绩效管理，提高投资效益。

（四）加强国际合作

深化与各国在绿色标准、绿色技术、绿色装备、绿色服务、绿色基础设施等方面的合作，建立更广泛的绿色投融资机制，引导整合境内外资金投向“一带一路”绿色低碳项目，严控国内资金支持海外高碳项目。积极推进国际绿色金融合作，用好世界银行、亚洲开发银行等国际金融组织和外国政府贷款。提高我国的碳排放交易市场影响力和碳资产定价权。鼓励外商投资绿色低碳项目。

二、优化完善能源基础设施建设管理机制

（一）优化发展环境

制定绿色低碳投资目录，研究公布绿色基础设施指导目录，放宽投资准入，激发各类资金投资活力。加强能源基础设施投资“窗口指导”，强化项目全过程服务，建立健全政府对投资项目决策论证的支持机制，帮助提高项目前期工作质量。深化“放管服”改革，推进部分基础设施项目实施承诺制，简化投资审批程序，加快审批事项办理，推进项目尽快落地。

（二）强化用地、用海、用能等资源要素保障

按照“资金跟着项目走”的原则，加大政府投资对重大基础设施项目的支持力度，区分项目收益水平，合理安排中央预算内投资、地方政府专项债券及其他财政性资金投入，引导各类社会资金投向重大基础设施项目。按照“要素跟着项目走”的原则，统筹加大对重大基础设施项目土地、用能、环保、技术等要素的保障。符合条件的项目可纳入国家重大项目用地保障机制，并对用能指标予以国家单列支持，简化环评审批。

加大重大基础设施关键核心技术攻关力度，加快技术向投资项目转化。支持既有基础设施低碳化改造，研究制定企业产能退出后土地再利用与推进低碳发展效果挂钩的优惠土地政策，推动企业土地利用绿色循环发展。

（三）严控高碳能源基础设施

结合碳达峰碳中和新要求，动态调整《产业结构调整指导目录》《鼓励外商投资产业目录》《中西部地区优势产业指导目录》《市场准入负面清单》等投资准入政策，防止高碳路径锁定。运用“三线一单”统筹优化产业及能源生产力布局，严格控制高耗能产业新增产能，依托可再生能源电力推动高耗能产业布局优化与改造升级。

结合能源工艺评价（能评）和环境影响评价（环评）现有制度，做好重大项目温室气体排放评估论证。在现有产业能耗和市场准入政策基础上，完善能源、工业、交通等重点领域的碳排放标准，统计和检查核查规范，建立碳排放国家标准的动态调整机制，研究实施电力、汽车、高耗能等重点产业碳排放绩效标准，引导产业确立绿色低碳投资长期目标。

（四）加强风险防范

坚持经济适用、量力而行原则，推动能源基础设施投资合理增长，更加注重形成市场主导的投资内生增长机制，防止出现“半拉子工程”。在示范项目建设中研究采用“以奖代补”政策，进一步提升投资项目的可持续性。密切关注、科学系统评估低碳发展对传统基础设施的冲击及其相应的金融资产风险，完善绿色金融业务发展风险防范机制。

三、着力增强可持续发展能力

（一）金融政策

1. 充分发挥绿色信贷作用

健全《市场准入负面清单》《产业结构调整指导目录》《绿色产业指导目录》动态调整机制，明确绿色低碳基础设施类型及评价体系。降低银行支持低碳基础设施的贷款成本，明确再贷款支持商业银行发展绿色基础设施项目，按照审慎和风险可控原则调低商业银行绿色基础设施资产风险权重。

统一绿色债券和绿色信贷标准，鼓励开发性金融机构、政策性银行和商业银行发行绿色金融债券，设立低碳发展事业部，在国家规划范围内和严控地方政府隐性债务风险的前提下，创新“金融+政府+企业”合作模式，加大对绿色基础设施和农业农村绿色发展的支持力度。鼓励国家融资担保基金和地方政策性融资担保公司加大对绿色基础设施项目的担保融资支持。

2. 挖掘绿色资本市场作用

挖掘基础设施项目减碳收益实现方式，培育项目绿色收益增长点，实时调整、优化绿色债券发行业务指引，完善绿色债券信用增级、发行定价和环境责任信息披露等管理措施。

降低绿色债券风险成本，研究投资绿色债券的税收优惠政策、绿色债券项目的政府投资支持方式和风险分担机制。完善绿色债券评级方法和标准体系，鼓励养老基金、保险资金、企业年金加大对绿色债券的投资。加快培育和发展与碳绩效挂钩的碳中和债券和可持续债券。

3. 强化绿色产业基金支撑

明确绿色产业基金投资标准和绩效要求，鼓励证券公司、保险公司、信托公司等金融机构发起设立低碳股权投资基金或投资性公司，放宽银行、保险等资金主渠道与其他社会资本共同投资设立绿色产业基金的条件，允许银行资金在限定的额度内投资绿色产业基金，使银行成为绿色产业基金的重要资金渠道；放宽保险资金对股权投资基金管理人注册资本不低于 1 亿元的限制，使得更多优秀的绿色产业基金管理人能够吸引保险资金参与发起设立绿色产业基金。缩短绿色产业基金投资的公司上市后的股份锁定期，提高绿色产业基金的资金使用效率。鼓励各级政府、金融机构和企业联合设立区域性绿色产业基金，建立与绿色绩效相关的支持措施和优惠政策。

4. 提升保险资金的支持作用

鼓励和支持保险机构创新绿色保险产品和服务，健全巨灾保险制度，研发绿色信用保险产品和第三方低碳服务责任保险。积极发挥保险资金的投融资职能，加大对绿色基础设施和绿色金融产品的投资力度。

（二）价格政策

1. 加快构建适应“双碳”目标要求的综合能源资源价格体系

充分考虑实现碳达峰碳中和的综合成本以及更富弹性、灵活响应的定价需求，进一步完善电价、气价、热价、水价形成机制，完善峰谷电价、气价政策，推广按温度高低结算热力价格，促进电热气水调峰储备、能源梯级利用等基础设施发展，有效降低电力调峰、天然气储气设施投资成本。

2. 完善典型能源基础设施的价格形成和成本分担机制

增强区域电网输电、省级电网外送电和专项工程输电价格机制的灵活性，促进新能源更好消纳。健全支持分布式发电发展的输配电价机制。深化燃气发电、水电、核电等上网电价市场化改革；进一步完善风电、光伏发电价格形成机制，体现电力环境价值，逐步扩大市场化交易。完善抽水蓄能电站价格形成机制，健全新型储能价格机制。研究探索对可再生能源发电制氢电价的支持政策。

（三）税收政策

1. 完善低碳基础设施税收政策

确定各行业低碳投资目录，加大企业低碳基础设施项目投资抵扣力度，企业低碳基础设施投资额的10%可以从企业当年的应纳税额中抵免；当年不足以抵免的，可以在以后5个纳税年度结转抵免。降低水电行业增值税实际税负，增值税实际税负超过10%的部分实行即征即退政策，对风光水互补项目进一步降低税负。对氢能、充电桩、二氧化碳管网等基础设施投资企业减免企业所得税，对基础设施低碳化改造项目的融资担保及再担保业务免征增值税。

2. 落实关键领域税收优惠政策

继续落实节能节水环保、资源综合利用以及合同能源管理、环境污染第三方治理等方面的所得税、增值税等的优惠政策。明确低碳技术研发活动税收优惠认定标准，加大企业低碳发展研发的税收抵扣力度。健全环境保护税制，进一步完善征收制度，通过差异化税制设计，引导企业自主开展清洁生产改造。研究降低水电行业增值税实际税负，探索森林碳汇、碳捕集利用与封存等领域的税收优惠政策。全面推进资源税改革，逐步提高煤炭、石油等化石能源征税标准。

四、加大能源基础设施关键核心技术研发

（一）先进可再生能源发电及综合利用技术

聚焦大规模高比例可再生能源开发利用，研发更高效、更经济、更可靠的水能、风能、太阳能、生物质能、地热能以及海洋能等可再生能源先进发电及综合利用技术，支撑可再生能源产业高质量开发利用；攻克高效氢气制备、储运、加注和燃料电池关键技术，推动氢能与可再生能源融合发展。

（二）新型电力系统及其支撑技术

加快战略性、前瞻性电网核心技术攻关，支撑建设适应大规模可再生能源和分布式电源友好并网、源网荷双向互动、智能高效的先进电网；突破能量型、功率型等储能本体及系统集成关键技术和核心装备，满足能源系统不同应用场景的储能发展需要。

（三）绿色高效化石能源开发利用技术

聚焦增强油气安全保障能力，有效支撑油气勘探开发和天然气产供销体系建设，开展纳米驱油、二氧化碳驱油、精细化勘探、智能化注采等关键核心技术攻关，提升低渗透老油田、高含水油田以及深层油气等陆上常规油气的采收率和储量动用率；推动深层页岩气、非海相非常规天然气、页岩油和油页岩勘探开发技术攻关，研发天然气水合物试采及脱水净化技

术装备；突破输运、炼化领域关键“瓶颈”技术，提升油气高效输运技术能力，完善下游炼化高端产品研发体系。聚焦煤炭绿色智能开采、重大灾害防控、分质分级转化、污染物控制等重大需求，形成煤炭绿色智能高效开发利用技术体系。研发一批更高效率、更加灵活、更低排放的煤基发电技术，巩固煤电技术领先地位。

（四）能源系统数字化、智能化技术

聚焦新一代信息技术和能源融合发展，开展能源领域的智能传感和智能量测、特种机器人、数字孪生，以及能源大数据、人工智能、云计算、区块链、物联网等数字化、智能化共性关键技术研究，推动煤炭、油气、电厂、电网等传统行业与数字化、智能化技术深度融合，开展各种能源厂站和区域智慧能源系统集成试点示范，引领能源产业转型升级。

参考文献

[1]金凤君．基础设施与经济社会空间组织[M]．北京：科学出版社，2012.

[2]舒印彪，康重庆．新型电力系统导论[M]．北京：中国科学技术出版社，2022.

[3]张强，同单．全球能源基础设施碳排放及锁定效应[R]．北京：清华大学碳中和研究院，2021.

[4]郭森，赵会茹，李春杰，等．电力普遍服务社会福利及补偿机制研究[M]．北京：中国电力出版社，2019.

[5]国家能源局．全国农村地区基本实现稳定可靠的供电服务全覆盖[EB/OL]．https：//www.gov.cn/xinwen/2020/07/01/content_5523050.htm.

[6]中国电力企业联合会．中国电力行业年度发展报告 2020[M]．北京：中国建材工业出版社，2021.

[7]罗少东，李有华，陈淼．电网建设的宏观经济贡献研究：基于电网卫星账户的投入产出分析[J]．建筑经济，2022(43)：1.

[8]叶子菀，张健，雷小兰，等．电力建设投资对国民经济与就业的拉动效应研究[J]．投资研究，2020，39(7)：97-110.

[9]谭运嘉，李平，王宏伟．基于区域投入产出模型的大型建设项目区域经济影响评价：以白鹤滩水电站建设项目为例[J]．工程研究，2013，5(1)：23-34.

[10]周绍杰，刘生龙，胡鞍钢．电力发展对中国经济增长的影响及其区域差异[J]．中国人口·资源与环境，2016，26(8)：34-41.

[11]劳承玉，冉杨斯特．能源建设投资对区域经济增长的拉动效应：四川案例[J]．宏观经济，2018，12：31-36.

[12]国务院发展研究中心，壳牌国际有限公司．面向未来助力增长：构建中国新型能源体系[M]．北京：中国发展出版社，2024.

[13]全球能源发展合作组织．中国2060年前碳中和研究报告[M]．北京：中国电力出版社，2021.

[14]辛保安．新型电力系统与新型能源体系[M]．北京：中国电力出版社，2023.

[15]杜忠明，王雪松，张剑．“十四五”及中长期电力供需形势展望[EB/OL]．https：//news. bjx. com. cn/html/20210719/1164670. shtml.

[16]林伯强，牟敦国．能源价格对宏观经济的影响：基于可计算一般均衡(CGE)的分析[J]．经济研究，2008，11：88-101.

[17]周潮，郭卫香，孙慧．能源冲击与中国宏观经济波动：基于存量流量一致性投入产出模型的数值实验[J]．中国人口·资源与环境，2021，31(1)：68-77.

[18]娄峰，程远．能源价格波动对我国宏观经济的影响研究[J]．价格理论与实践，2023(1)：14-21.

[19]孙启星，张超，李成仁，等．“碳达峰、碳中和”目标下的电力系统成本及价格水平预测[J]．中国电力，2023，56(1)：9-16.

[20]人民日报．2023年能源投资保持快速增长[EB/OL]．https：//www. gov. cn/lianbo/bumen/202402/content_6933537. htm.

[21]新华网．从“追赶者”到“领跑者”！西气东输年输气量今天首破1000亿立方米[EB/OL]．http：//www. news. cn/politics/2021 - 12/28/c_1128206951. htm.

[22]王雪辰，崔晓利．我国电力发展与改革报告(2024)[EB/OL]. https://news.bjx.com.cn/html/20240401/1369252.shtml.

[23]赵艺林，许家骏．能源转型背景下美国能源基础设施建设政策探析[J]. 中外能源，2024，29(7)：8-16.

[24]赵腾，高艺，邬炜，等．欧洲大范围跨国电力互联在极端天气下电力安全保供中的作用分析[J]. 全球能源互联网，2024，7(1)：14-24.

[25]邱丽静．欧洲能源安全政策调整对我国的启示[N]. 中国电力报，2023-09-05(4).

[26]宫笠俐，叶笑晗．日本能源结构转型与政策执行困境[J/OL]. 日本学刊，2024(1)：1-20.

[27]中国煤炭工业协会．2023 煤炭行业发展年度报告[R]. 北京：中国煤炭工业协会，2024.

[28]国家能源局石油天然气司，国务院发展研究中心资源与环境政策研究所，自然资源部油气资源战略研究中心．中国天然气发展报告(2024)[M]. 北京：石油工业出版社，2024.

[29]电力规划设计总院．中国电力发展报告 2024[M]. 北京：人民日报出版社，2024.

[30]电力规划设计总院．中国能源发展报告 2024[M]. 北京：人民日报出版社，2024.

[31]王震，鲍春莉．中国海洋能源发展报告 2023[M]. 北京：石油工业出版社，2024.

[32]国网能源研究院有限公司．2023 中国能源电力发展展望[M]. 北京：中国电力出版社，2024.

[33]朱吉茂，孙宝东，张军，等．“双碳”目标下我国煤炭资源开发布局研究[J]. 中国煤炭，2023，49(1)：44-50.

[34]孟昕馨，董雪婷．晋陕蒙地区煤炭运输通道运营对策研究[J].

铁道经济研究，2024(2)：39-44，50.

[35]张楷唯，尹璐，刘清芳．“双碳”背景下铁路煤炭运输发展浅析[J]．铁道货运，2023，41(9)：15-20.

[36]水利水电规划设计总院．2023年度中国可再生能源发展报告[M].北京：中国水利水电出版社，2024.

[37]《新型电力系统发展蓝皮书》编写组．新型电力系统发展蓝皮书[M].北京：中国电力出版社，2023.

[38]曹勇，罗大清，刘潇潇，等．基于情景分析的中国氢能产业中长期预测研究[J]．当代石油石化，2024，32(2)：8-14.

[39]曹权，王洪建，秦业美，等．纯氢管道输氢技术发展现状与分析[J]．力学与实践，2024，46(1)：18-27.